Smoothie
BIBLE

Eliq Maranik
Smoothie BIBLE

h.f.ullmann

Inhalt

ENERGIE FÜR KÖRPER, GEIST UND SEELE ... 7

ZUM START ... 9
Obst, Gemüse und Beeren mit Sorgfalt wählen ... 9
Aus biologischem Anbau ... 9
Ethylengas ... 10
Reif oder unreif? ... 10
Gründlich waschen ist wichtig ... 10
Schälen oder nicht schälen? ... 11
Steine und Kerne ... 11
Beeren & Obst einfrieren ... 11
Entsafter oder Mixer? ... 12
Warum Smoothies selbst machen? ... 12
Gekaufte Smoothies ... 12
Sofort servieren! ... 12
Servieren & garnieren ... 13
Eigene Rezepte erfinden ... 13

SMOOTHIES VORBEREITEN ... 15
Smoothies in Flaschen einfrieren ... 15
Fertige Mixbeutel ... 15

TIPPS & TRICKS ... 17
Geschmack abmildern ... 17
Geschmack verstärken ... 17
Smoothies verdünnen ... 17
Smoothies cremiger machen ... 17
Mildere Smoothies ... 17
Eiskalte Smoothies ... 17
Verstecktes Gemüse ... 17
Eislollys ... 17

NÜTZLICHES ZUBEHÖR ... 19
Mixer ... 19
Saftmaschinen ... 19
Praktische Hilfsmittel ... 20

DER RICHTIGE MIXER ... 23

KLEINER ZUTATEN-RATGEBER ... 27

NOCH MEHR ZUTATEN...35
    Flüssigkeiten...35
    Nüsse & Samen...36
    Öle & Fette...37
    Kräuter & Gewürze...38
    Süßungsmittel...39
    Ballaststoffe...39

SUPERFOODS & SUPERBEEREN...41
    Superfoods & Beeren...41
    Algen...43

PROTEINPULVER...45

NUSS-, SAMEN- & HAFERMILCH HERSTELLEN...47

KRÄUTER & KRÄUTERTEE...49
    Ernten & trocknen...50
    Zubereitung...50
    Kräuter für Kräutertees...50

VITAMINE, MINERALE & ANTIOXIDANTIEN...53

EINFACH, FRUCHTIG & FRISCH...57

HEISSE SMOOTHIES FÜR KALTE TAGE...85

GRÜNE SMOOTHIES...125

SMOOTHIES MIT MILCHPRODUKTEN...149

SMOOTHIES FÜRS WORKOUT UND ALS MAHLZEITENERSATZ...175

VERDAUUNGSFÖRDERNDE & PROBIOTISCHE SMOOTHIES...249

SCHÖNHEITSELIXIRE & DETOX-SMOOTHIES...297

SMOOTHIE BOWLS...323

GRANOLA & MÜSLI...355

SMOOTHIES FÜR KIDS...369

REZEPTREGISTER...398

Energie für Körper, Geist und Seele!

Ich liebe Smoothies in allen Formen – heiß, kalt, frostig, cremig, fruchtig, würzig, als Bowl oder Lolly in allen Regenbogenfarben. Aber ich muss gestehen, dass grüne Smoothies meine Favoriten sind und ich jede Woche Liter davon trinke. Ich mache seit über 30 Jahren Smoothies (tatsächlich habe ich meinen ersten Smoothie gemacht, als ich ungefähr fünf Jahre alt war) und inzwischen gehören sie zu meinem Lebensstil. Was könnte einfacher, gesünder, nahrhafter und bequemer sein, als herrlich leckere Smoothies, die man jederzeit und überallhin mitnehmen kann? Ich bereite bestimmt 70 Prozent meines Essens in meinem geliebten Mixer zu und könnte mir nicht vorstellen, ohne Smoothies zu leben. Sie begleiten mich sogar auf meinen Reisen! Smoothies gehören einfach zu meinem Alltagsleben, und ich würde mich freuen, Sie dazu inspirieren zu können, dass es Ihnen ähnlich geht.

Der Körper mag, was gut für ihn ist. Je mehr Sie sich darauf konzentrieren, gesund zu essen und zu trinken, desto weniger werden Sie sich nach den Dingen sehnen, die weniger gut für Sie sind. Außerdem fühlt man sich positiv, hat viel Energie, einen gesättigten Magen, schöne Haare und Haut, starke Nägel, ein gestärktes Immunsystem, weniger Schlafbedürfnis (ohne sich deswegen weniger ausgeruht zu fühlen) und eine größere Motivation zum Sport. Übergewicht vermeiden Sie ganz von allein. Es ist ganz einfach eine gesunde Lebensweise.

Vielleicht werden Sie nicht unmittelbar einen Unterschied bemerken, aber versuchen Sie dennoch, jeden Tag einen Smoothie oder einen frisch gepressten Saft zu sich zu nehmen. Wenn Sie nicht viel Zeit haben, bereiten Sie am Wochenende einfach einen Wochenvorrat für den Gefrierschrank vor. Oder machen Sie Smoothie-Pakete, die Sie direkt in Ihren Mixer geben können (siehe Seite 15), fügen Sie Flüssigkeit hinzu (Wasser, Nussmilch, Kokoswasser usw.) und starten Sie den Mixer. Ihr Smoothie ist in wenigen Minuten fertig und Sie können ihn mit zur Arbeit, zur Schule, zum Sport oder wohin auch immer mitnehmen.

Dieses Buch enthält viele verschiedene Rezepte für einfach herzustellende Smoothies, mit denen Sie sich gut fühlen und Ihr Körpergleichgewicht erhalten. Darüber hinaus erfahren Sie auf fast 60 Seiten Einführung alles, was Sie wissen müssen, um erfolgreich Ihr eigener „Smoothie-Meister" zu werden.

Ich hoffe, dass Sie dieses Buch inspirieren wird, dass Sie viel Spaß beim Lesen und beim Entdecken aufregender Aromen haben werden, während Sie gleichzeitig Ihren Körper mit Vitaminen, Mineralien und Antioxidantien stärken und an Energie und Stärke gewinnen. Gönnen Sie sich ein gehaltvolles und gesundes Leben! Ihr Körper wird Sie belohnen: Ihre Verdauung wird perfekt funktionieren, Ihr Energielevel wird viel ausgeglichener und Sie werden insgesamt glücklicher und ausgeglichener sein. Und glückliche Menschen verbreiten Freude!

Eliq Maranik
März 2018

Zum Start

Die Kunst, einen gelungenen Smoothie zuzubereiten, beginnt schon in der Obst- oder Gemüseschüssel. Die Auswahl der besten und frischesten Zutaten ist das A und O für den Smoothie-Enthusiasten.

Obst, Gemüse und Beeren mit Sorgfalt wählen

Unsere wichtigsten Hilfsmittel, um die richtigen Zutaten zu finden, sind Augen, Nase und Finger – und es sollten natürlich, wenn irgend möglich, Produkte aus biologischem und regionalem Anbau sein. Am besten sind natürlich Obst und Gemüse der Saison. Gegen den knackig-frischen, intensiven Geschmack der frischen Ernte kommen Rohwaren, die lange vor der Reife gepflückt und dann eine halbe Ewigkeit rund um den Globus transportiert wurden, einfach nicht an.

Wochenmärkte und Hofverkäufe sind die besten Anlaufstellen für erntefrisches Obst und Gemüse. Hier kann man sichergehen, dass die Waren nicht mit Chemikalien behandelt wurden, um lange Transportwege zu überstehen. Außerdem sind sie dort meist auch preiswerter als im Supermarkt.

Nehmen Sie sich Zeit bei der Auswahl. Kaufen Sie nur das, was Sie innerhalb weniger Tage verbrauchen können. Jede Art der Lagerung – vielleicht mit Ausnahme des Einfrierens – verschlechtert die Qualität der Rohwaren.

Halten Sie Ausschau nach schön gefärbten, gesunden, festen und wohlriechenden Exemplaren ohne Schadstellen oder Verfärbungen. Es ist immer besser, selbst zu pflücken oder jedes Stück einzeln auszusuchen, statt bereits abgewogene Mengen zu kaufen, denn es ist oft schwierig, die Qualität abgepackter Ware zu beurteilen. Auch die richtige Lagerung zu Hause ist wichtig – denken Sie daran, dass man bestimmte Obst- und Gemüsesorten nicht zusammen aufbewahren sollte.

Es ist erwiesen, dass bestimmte Obst- und Gemüsesorten im Supermarkt noch Rückstände von Pflanzenschutzmitteln enthalten können. Daher ist es auch hier wichtig – wenn möglich – Bioprodukte zu nehmen. Es ist sinnvoll, einen Vergleich zwischen Nahrungsmitteln aus biologischem und konventionellen Anbau zu machen. Machen Sie einmal selbst den Geschmackstest. Dabei entdeckt man auch recht schnell die eigenen Lieblingssorten.

Leider wird besonders im Supermarkt oder beim Gemüsehändler nicht immer der Sortenname angegeben, was vor allem bei Obstsorten wie Mango oder Orangen das Wiederfinden der eigenen Favoriten erschwert. Doch hier gilt wie immer: Fragen kostet nichts! Irgendjemand im Laden wird Ihnen bestimmt die gewünschte Information liefern können, denn eigentlich müssen alle Warenlieferungen mit solchen Hinweisen ausgezeichnet sein.

Es gibt auch Firmen, die direkt an die Haustür liefern. Diese versehen ihre Ware in der Regel mit sehr genauen Informationen über die Sorte und oft auch mit exakten Herkunftsangaben.

Aus biologischem Anbau

Obst, Beeren und Gemüse aus biologischem Anbau werden meist geerntet, wenn sie bereits relativ reif sind. Sie haben einen niedrigen Wassergehalt, duften stärker, schmecken daher besser und sind selbstverständlich gesünder als Produkte aus konventionellem Anbau.

Allerdings sind sie weniger lang haltbar, empfindlicher und können leichte „Schönheitsfehler" aufweisen, denn sie sehen natürlich nicht so perfekt aus wie konventionelles Obst und Gemüse, das mit Konservierungsmitteln, chemischen Zusätzen und Schädlingsbekämpfungsmitteln auf ein normgerechtes Aussehen hin gezüchtet wurde.

Bioprodukte kann man jedoch eine Weile dunkel und kühl lagern, obwohl auch sie so rasch wie möglich nach dem Kauf verarbeitet werden sollten. Sie enthalten mehr Vitamine, Minerale, Enzyme und andere Nährstoffe als Produkte aus konventionellem Anbau. Vor allem ihr Gehalt an Vitamin C und Antioxidantien wie Vitamin E und Carotinoide – ein guter Schutz vor Herz- und Gefäßkrankheiten – ist wesentlich höher.

Bioprodukte sind etwas teurer als diejenigen aus konventionellem Anbau, der Geschmacksunterschied rechtfertigt aber den Preis.

Ethylengas

Manche Obst- und Gemüsesorten entwickeln während der Reifung Ethylengase, die ihrerseits den Reifungsprozess anderer in der Nähe befindlicher Früchte beeinflussen können. Dazu gehören vor allem Äpfel, Birnen, Melonen, Bananen, Pfirsiche, Nektarinen, Pflaumen, Aprikosen und Tomaten. Sie sollten daher nicht zusammen mit anderen Obst- oder Gemüsesorten gelagert werden, da diese sonst rascher reifen, verschrumpeln oder einen unangenehmen Beigeschmack annehmen können. Vor allem Bananen, Mango und Avocado sollten nicht mit anderen Ethylengas absondernden Sorten in Berührung kommen, da sie sonst allzu schnell reifen.

Umgekehrt kann man sich diesen Umstand zunutze machen, um unreife Produkte nachreifen zu lassen, indem man sie einfach mit Ethylengas absondernden Sorten in eine Obstschale oder Tüte legt.

Reif oder unreif?

Geschmack und Konsistenz des Smoothies sind natürlich am besten, wenn man dafür voll ausgereiftes Obst oder Gemüse verwendet. Unreifes Obst ist säuerlich oder hart, und es fehlt geschmacklich ganz einfach das gewisse Extra. Allzu reifes Obst hingegen schmeckt oft schon fast ekelhaft süß, da der Geschmack durch das Zerkleinern intensiviert wird. Überreife Bananen, Pfirsiche und Mangos sind nicht zu empfehlen. Früchte, die sich für ihre Größe recht schwer anfühlen und intensiv duften, sind meist vollreif. Die meisten Früchte reifen bei Zimmertemperatur auch nach der Ernte weiter. Manche Sorten werden dabei süßer und weicher, andere jedoch nur weicher.

Gründlich waschen ist wichtig

Sofern Sie das Ost und Gemüse nicht im eigenen Garten geerntet haben, wissen Sie nicht, womit es behandelt und wie es gelagert wurde oder wer es angefasst hat – vom Wachsen und Einsprühen ganz zu schweigen. Die allermeisten Früchte, vor allem Importware, werden mit Konservierungsmitteln besprüht. Daher ist es sehr wichtig, sie gründlich zu waschen und abzubürsten. Obst und Gemüse aus konventionellem Anbau muss geschält werden, denn alles, was sich auf der Schale befindet, endet später in Ihrem Körper.

Früchte mit fester Schale reinigt man einfach in handwarmem Wasser mit einer weichen Gemüsebürste. Diese sollte nur zum Reinigen von Obst und Gemüse verwendet und hinterher immer gut gespült werden. Weiches Obst wird in warmem oder handwarmem Wasser mit der Hand oder mit der weichen Seite eines Küchenschwamms gewaschen. Auch der Schwamm sollte für nichts anderes verwendet werden. Für Zitrusfrüchte oder stark eingewachstes Obst nimmt man am besten ein wenig unparfümiertes Geschirrspülmittel und einen weichen Schwamm. Nach dem Gebrauch von Geschirrspülmittel immer gründlich nachspülen!

Im Handel gibt es sogar spezielle Obstreinigungsmittel. Alternativ geben Sie den Saft einer halben Zitrone ins Spülwasser und weichen das Obst vor dem Abbürsten ein paar Minuten darin ein.

Salat, Beeren und andere Produkte, die leicht beschädigt werden könnten, sollten nach der Zitronenbehandlung mit kaltem Wasser abgespült werden.

Gemüse aus konventionellem Anbau sollte geschält werden, auch wenn die Schale nicht mitgegessen wird, denn Wachs und Chemikalien setzen sich auf den Händen ab und können so in das Fruchtfleisch gelangen.

Schälen oder nicht schälen?

Ich kaufe in der Saison massenhaft Beeren und Obst. Der größte Anteil an Vitaminen, Mineralien und Enzymen befindet sich direkt unterhalb oder in der Schale. Wenn Sie Obst und Gemüse aus biologischem Anbau verwenden, sollte die Schale daher möglichst mitgegessen werden – doch auch hier müssen Obst, Beeren und Gemüse vorher gründlich in warmem Wasser gereinigt werden. Produkte aus konventionellem Anbau sollten so dünn wie möglich geschält werden, selbst dann, wenn sie nur ausgepresst werden. Bananen, Mango, Ananas, Papaya und Avocado müssen grundsätzlich geschält werden, während das bei Kiwi nur nötig ist, wenn man die Küchenmaschine verwendet – zum Entsaften kann die Schale dranbleiben.

Ungewachste Zitrusfrüchte brauchen nur geschält zu werden, wenn sie in den Entsafter oder den Mixer kommen. Für die Zubereitung von Smoothies ist es am besten, alle harten Teile wie Schale und Kerne zu entfernen, weil diese der Konsistenz abträglich sind.

Steine und Kerne

Mango, Avocado, Nektarinen, Pfirsiche, Pflaumen, Aprikosen und anderes Steinobst müssen natürlich entkernt werden. Bei weicheren Kernen und Samen ist das Geschmackssache – ich selbst entferne diese meistens, da sie den Geschmack und die Konsistenz der Smoothies doch ziemlich beeinflussen.

Durch die Kerne von Wassermelonen und Passionsfrüchten bekommt der Smoothie einen leichten Grauschleier, doch sie enthalten viele wertvolle Nährstoffe. Ein leistungsschwacher Mixer oder Stabmixer könnte mit den Kernen Probleme haben, daher ist es in einem solchen Fall besser, sie wegzulassen. Papayakerne haben einen stark pfeffrigen Geschmack und sollten daher grundsätzlich vorher entfernt werden.

Beeren & Obst einfrieren

Ich kaufe in der Saison massenhaft Beeren und Obst aus ökologischem Anbau, meist auf dem Wochenmarkt oder in Hofläden. So habe ich zu Hause im Gefrierschrank immer Qualitätsobst, auch wenn es im Geschäft nicht erhältlich ist. Bananen sind die perfekten Früchte zum Einfrieren. Sie schenken eine feine Konsistenz und sind außerdem ein natürliches Süßungsmittel. Ich kaufe Unmengen an Bananen, lasse sich leicht überreif werden, schneide sie in Stücke, friere diese einzeln ein und lege sie in Gefrierbeutel. In meinem Gefrierschrank lagern immer etwa drei bis vier Kilo.

Ananas, Bananen, Blaubeeren, Erdbeeren, Kirschen, Mango, Papaya, Pfirsiche, Nektarinen, Pflaumen, Melonen, Kiwi und alle anderen Beerensorten kann man gut einfrieren. Äpfel, Birnen, Wassermelone und Zitrusfrüchte werden am Besten als Saft eingefroren.

Beeren und kleinere Früchte werden auf einem Schneidebrett oder Teller ausgebreitet, mit Backpapier bedeckt und in den Gefrierschrank gelegt. Größere Früchte werden geschält und zum stückweisen Einfrieren zerkleinert.

Ist alles gefroren, werden Obst und Beeren in luftdichte Tüten gefüllt, die ich mit Inhalt, Menge und Datum beschrifte, damit die Verwendung später leichter fällt.

Die Zutaten sollten Sie erst unmittelbar vor dem Verarbeiten zerteilen. Durch den Kontakt mit Sauerstoff oxidieren viele Nährstoffe, Vitamine, Enzyme und Mineralien und gehen nach einer gewissen Zeit ganz verloren. Wenn Sie Smoothies regelmäßig und in großen Mengen herstellen, lohnt es sich, die Zutaten zur jeweiligen Erntezeit auf Vorrat zu kaufen und einzufrieren. Obwohl frisches Obst immer am besten ist, bleiben durch das Einfrieren mehr Nährstoffe erhalten, als es bei unreifen allzu lange gelagerten Frischwaren der Fall ist. Frische Beeren, zum Beispiel Erdbeeren, Himbeeren oder Blaubeeren, bleiben nach der Ernte nur wenige Tage frisch.

Zum Einfrieren das Obst waschen, schälen, grob hacken und getrennt oder in Kombination mit anderen Sorten in Einzelportionen einfrieren. Am besten sind luftdicht verschließbare Plastikbeutel geeignet. Versuchen Sie, vor dem Verschließen soviel Luft wie möglich entweichen zu lassen. Notieren Sie Datum, Anzahl der Portionen und Inhalt. In einem normalen Gefrierschrank hält sich Obst mindestens zwei bis drei Monate lang frisch.

Je nach Mixer kann man das eingefrorene Obst direkt verarbeiten oder vorher etwas antauen lassen. Beeren müssen für Säfte völlig aufgetaut werden, da die Flüssigkeit sonst nicht glatt genug wird.

Entsafter oder Mixer?

Für Gemüse oder harte Obstsorten wie Birnen oder Äpfel lohnt sich die Anschaffung eines Entsafters. Nur ein sehr leistungsstarker Mixer schafft es, die Zutaten gleichzeitig zu pressen und zu mixen, sodass keine Ballaststoffe verloren gehen und die Konsistenz dabei nicht zu faserig wird.

Bei schwächeren Mixern ist es besser, die Rohstoffe erst zu entsaften und dann Saft und Fruchtfleisch zusammen zum Smoothie zu mixen. Denken Sie daran, dass Bananen oder Avocados beim Mixen keinen Saft abgeben, sondern zu einem dicken Brei werden. Weiches Obst wie Steinobst, Beeren und tropische Früchte hingegen sind ideal für den Mixer, denn sie lassen sich schonend zu einem saft- und nährstoffreichen Smoothie verarbeiten.

Die Geräte immer sofort nach dem Gebrauch säubern.

Warum Smoothies selbst machen?

Für mich ist die Antwort darauf ganz einfach: Es ist absolut nicht schwer, es geht schneller, als man denkt, es ist gesund und unser Körper wird es uns danken! Der Vorteil dabei, Säfte und Smoothies selbst zuzubereiten, ist vor allem, dass man immer ganz genau weiß, was drin ist. Sie selbst suchen das Obst und Gemüse aus und wissen, dass es sich dabei um die frischesten und besten Zutaten handelt, die Sie finden konnten. Und Sie können den Geschmack ganz exakt auf die eigenen Vorlieben und Bedürfnisse abstimmen. Die Variationsmöglichkeiten sind unendlich – hat man erst einmal damit angefangen, ist es schwer, wieder aufzuhören.

Viele Cafés bieten inzwischen frische Fruchtsäfte und Smoothies an. Das ist eine feine Sache, wenn man unterwegs einen gesunden Imbiss zu sich nehmen möchte, anstatt auf Kaffee und Backwaren angewiesen zu sein. Aber es empfiehlt sich trotzdem zu fragen, ob das Getränk frisch zubereitet wurde und ob dabei Süßungsmittel oder Konservierungsstoffe verwendet wurden. Scheuen Sie sich nicht, das Personal zu fragen, ob die Früchte gewaschen wurden und was genau in dem Smoothie steckt. In den besten Cafés kann man bei der Zubereitung zusehen und das Obst sogar selbst aussuchen.

Gekaufte Smoothies

Es gibt viele seriöse und engagierte Hersteller von leckeren und gesunden Smoothies, auf deren Produkte man zurückgreifen kann, wenn man es einmal nicht schafft, sie selbst zu machen – oder es ganz einfach nicht selbst machen will. Diese Smoothies haben einen Frischfruchtanteil von 100 Prozent und enthalten keine Zusatzstoffe wie Geschmacksverstärker, Farbstoffe, Süßungsmittel oder Konzentrat. So ein Smoothie ist eine gute Alternative, obwohl auch dieser sich mit einem frisch gemachten Smoothie aus der eigenen Küche nicht vergleichen lässt.

Sofort servieren!

Damit Vitamingehalt, Geschmack, Farbe und Konsistenz voll zur Geltung kommen, sollte der Smoothie so schnell wie möglich nach der Zubereitung getrunken werden. Da selbst gemachte Smoothies weder Konservierungsstoffe enthalten noch pasteurisiert sind, halten Sie sich nicht sehr lange frisch. Müssen sie dennoch ein paar Stunden überdauern, lagert man sie am besten in einer sauberen, fest verschlossenen Glasflasche im Kühlschrank. Mehr als 24 Stunden sollten es jedoch nicht sein, da sich die Vitamine allmählich abbauen und der Geschmack nachlässt. Vor dem Servieren gut schütteln.

Servieren & garnieren

Das Auge isst mit. Daher serviere ich meine Smoothies in hübschen Gläsern und garniere sie mit frischen Beeren, Früchten, Kräutern und sogar Blüten und Blättern. Man kann Säfte und Smoothies auf schier unendliche Art und Weise garnieren – schauen Sie sich nur einmal an, wie abenteuerlich manche Getränke in Cocktailbars serviert werden!

Kinder tun sich oft schwer mit Obst und Gemüse und da sind Smoothies das Ei des Kolumbus. Für den besonderen Clou kann man den fertigen Smoothie auf Eiswürfelbehälter verteilen und in jedes Fach einen Cocktailrührer stecken. Lassen Sie die Behälter jedoch nicht allzu lange im Gefrierschrank liegen, denn dadurch werden sie auf Dauer brüchig.

Eigene Rezepte erfinden

Lassen Sie Ihrer Fantasie beim Erfinden eigener Rezepte ruhig freien Lauf. Im Grunde eignet sich so ziemlich jedes frische Obst und Gemüse als Zutat. Seien Sie experimentierfreudig!

TIPPS

» Obst- und Gemüsepakete zusammenstellen und einfrieren, wenn Überreife droht.

» Blattgemüse & Kräuter mit einem Schuss Wasser mixen und in Eiswürfelformen einfrieren. Würfel dann in Beutel umpacken, mit Datum und Namen kennzeichnen.

» Nussmilch, Nussbutter, Kokossahne, Kokosmilch, Säfte, Smoothie-Reste in Eiswürfelformen einfrieren.

» Zitrusfrüchte auspressen und Saft in Eiswürfelformen einfrieren.

Smoothies vorbereiten

Vermeiden Sie Stress am Morgen und lagern Sie fertige Smoothie-Pakete im Gefrierschrank. Es gibt eigentlich keine Entschuldigung dafür, keinen Morgen-Smoothie zu trinken!

Smoothies in Flaschen einfrieren

Wenn Sie es eilig haben, frieren Sie eine Wochenration Smoothies direkt in Flaschen ein. Sie halten sich gut für eine Woche. Flaschen aus dem Gefrierschrank nehmen und im Kühlschrank auftauen. Morgens einfach schütteln und schwupp – ist der Smoothie trinkfertig.

Wenn Sie den Smoothie für den Nachmittag oder zum Sport mitnehmen möchten, nehmen Sie die Flasche direkt aus dem Gefrierschrank, er taut im Laufe des Tages auf. Durch das Eis hält er sich frisch. Nur daran denken, dass die Flasche „schwitzt" und es in der Tasche nass werden kann … Auch für Kinder ist das die perfekte Art, Smoothies direkt zum Frühstück zu genießen. Familienbeschäftigung an Wochenenden, gesundes Frühstück unter der Woche!

SCHRITT 1
Nüsse und größere Samen über Nacht einweichen. Abspülen und auf einem Handtuch oder Küchenpapier trocknen lassen. Obst und Gemüse waschen und in Stücke schneiden, falls nötig, Kerne und Schale entfernen. Blattgemüse kleinschneiden, harte Stängel entfernen. Damit Obst nicht in großen Klumpen gefriert, alles auf ein Küchenbrett mit Backpapier legen und für 30–40 Minuten in den Gefrierschrank stellen. Sie können auch gefrorene Zutaten nehmen und in Smoothie-Päckchen packen.

SCHRITT 2
Rezeptname und Portionsanzahl auf jeden Beutel schreiben, auch das Datum. Eventuell hinzufügen, wie viel und welche Flüssigkeit in den Smoothie sollte.

SCHRITT 3
Zutatenmenge laut Rezept abmessen und in Gefrierbeutel oder -dosen verpacken. Vor dem Verschließen so viel Luft wie möglich herauspressen.

SCHRITT 4
Die fertigen Mixpakete in den Gefrierschrank legen. Ein bisschen Platz zwischen den Beuteln lassen, durch die Luftzirkulation friert alles schneller ein. Danach kann dicht gepackt werden, falls Platzmangel herrscht.

SCHRITT 5
Smoothie-Päckchen aus dem Gefrierschrank nehmen, über Nacht im Kühlschrank oder auf der Arbeitsplatte 1 Stunde antauen. Wenn Sie einen kräftigen Mixer haben und eisige Smoothies lieben, können Sie auch direkt mit Flüssigkeit mixen.

Fertige Mixbeutel

Bereiten Sie Smoothie-Pakete für einen Monat im Voraus vor – einfach, gut und zeitsparend. Ein Päckchen hält im Gefrierschrank bis zu 6 Monate, schmeckt jedoch im ersten Monat am besten.

Folgende Utensilien benötigen Sie für die Smoothie-Vorbereitung:

» Obst, Gemüse, Nüsse, Samen und andere Zutaten aus den Rezepten
» Markierungsstift
» Küchenwaage und/oder Messbecher
» Gefrierbeutel, wiederverschließbar, oder Dosen

Tipps & Tricks

Nach über 30 Jahren, in denen ich mit Früchten und Gemüse experimentiert habe (ja, ich habe meinen ersten Smoothie gemacht, als ich fünf Jahre alt war!), und Tausenden von Litern an Smoothies habe ich ein paar Tricks entdeckt, die ich gern teilen möchte. Fast jeder Smoothie kann köstlich sein – und extrem nährstoffreich.

Geschmack abmildern

Manche Obst- und Gemüsesorten sind sehr intensiv im Geschmack und sollten daher nur in begrenzten Mengen verwendet werden. Wenn Ihr Smoothie zu intensiv schmeckt, strecken Sie ihn mit milderen Säften, zum Beispiel aus Möhre, Apfel, Birne oder Orange und nach Belieben auch etwas Mineralwasser.

Geschmack verstärken

Andere Obstsorten, darunter Melone, Mango und Banane, enthalten von Natur aus viel Zucker und brauchen einen kleinen Kick, um nicht allzu pappsüß zu schmecken. Ein Schuss Zitronen- oder Limettensaft mildert die Süße und intensiviert gleichzeitig den Fruchtgeschmack.

Smoothies verdünnen

Ist die Konsistenz zu dick und breiig – was leicht passieren kann, wenn die Rohstoffe wenig Flüssigkeit enthalten – kann man sie mit Wasser, Nussmilch oder frisch gepresstem Saft verdünnen. Wenn die ursprüngliche Geschmacksrichtung erhalten bleiben soll, ist Wasser geeignet.

Smoothies cremiger machen

Ist der Smoothie zu dünn, kann man ihm Sojajoghurt, Bananen-, Avocado- oder Mangopüree und nicht zuletzt Proteinpulver zusetzen. Auch Tofu, Müsli, Nüsse oder Samen absorbieren überschüssige Flüssigkeit.

Glattere Smoothies

Manche Obst- und Gemüsesorten sind so ballaststoffreich, dass sie sich schwer trinken lassen, wenn es Ihrem Mixer nicht gelingt, die Fasern fein genug zu zerteilen. Hier empfiehlt es sich, sie zuerst separat im Mixer oder in der Saftpresse zu pürieren und erst dann mit den restlichen Zutaten zu mischen.

Eiskalte Smoothies

Für einen erfrischenden Eis-Smoothie (oder Slushy) verwendet man am besten gefrorene Zutaten. Man kann auch zerstoßenes Eis unter den fertigen Smoothie mischen. Denken Sie daran, dass das Eis sehr schnell schmilzt, wenn der Smoothie nicht kalt genug ist, daher sollten auch alle Zutaten eiskalt sein. Nehmen Sie lieber zu viel als zu wenig Eis, denn kleine Mengen schmelzen zu schnell und der Smoothie wird dann wässrig.

Verstecktes Gemüse

Avocado, Grünkohl, Möhren, Kürbis, Rote Beete, Sellerie, Spinat, Zucchini und viele andere Gemüsesorten können Zutat in einem Smoothie sein. Beginnen Sie mit kleinen Mengen, damit die Gemüsesorten nicht zu intensiv schmecken und der Geschmack nicht zu dominant ist.

Eislollys

Die meisten Obst- und Beeren-Smoothies lassen sich wunderbar zu Eislollys einfrieren. Lassen Sie dafür bei der Zubereitung das im Rezept angegebene Wasser und Eis weg – die Fruchtmasse soll so konzentriert wie möglich sein, da durch die Kälte viel Geschmack verloren geht. Die Eisformen nicht ganz bis zum Rand füllen, da sich Flüssigkeiten beim Gefrieren ausdehnen. Die Eislollys halten sich nur etwa eine Woche im Gefrierschrank, danach vereisen sie und verlieren an Geschmack.

Nützliches Zubehör

Man braucht im Grunde nur ein scharfes Messer und einen Mixer, um Smoothies zuzubereiten, aber es gibt natürlich jede Menge nützliches Zubehör, das den Arbeitsprozess leichter und angenehmer macht.

Mixer

Ein Muss für Smoothies! Streng genommen reichen ein Stabmixer und ein paar passende Mixgefäße, doch ich möchte Ihnen die Anschaffung eines leistungsstarken Küchenmixers sehr ans Herz legen, denn das erleichtert die Arbeit doch ganz beträchtlich. Einfach alle Zutaten in das Mixgefäß geben, auf den Knopf drücken und fertig ist der Smoothie! Bei der Wahl eines Mixers muss man darauf achten, wie stark der Motor ist, wie viele Mixstufen es gibt und ob man darin auch Eis zerkleinern kann. Ich empfehle einen Mixer mit Glasbehälter, denn er ist stabil, leichter zu reinigen und im Gegensatz zu Plastikbehältern verfärbt er sich nicht. Es gibt inzwischen auch Mixer mit hochwertigen, farbbeständigen Plastikbehältern, aber sie sind natürlich auch entsprechend teurer. Ein Mixer muss nicht unbedingt Eis zerstoßen können, aber es ist doch eine praktische Sache. Bei der Wahl des richtigen Mixers ist natürlich ausschlaggebend, wie viele Smoothies Sie eigentlich zu machen gedenken. Wenn es nur hin und wieder einmal geschieht, reicht ein gewöhnlicher Pürierstab völlig aus, aber für Smoothie-Enthusiasten wie mich muss es unbedingt eine vernünftige Küchenmaschine sein. Ein Qualitätsgerät kostet zwar mehr, hält jedoch lange, hat mehrere Jahre Garantie und kann so ziemlich alles zerkleinern. Ein guter Mixer verteilt die Zutaten auch gleichmäßiger, wodurch der Körper die Nährstoffe besser aufnehmen kann. Er bewältigt ohne Probleme Nüsse und Samen, Eiswürfel, gefrorenes Obst und Beeren, Salatblätter oder hartes Gemüse wie zum Beispiel Möhren oder Rote Bete. Mehr über die Auswahl eines Mixers erfahren Sie auf Seite 23.

Entsafter

Um Saft aus Gemüse, Salat, Blättern, Kräutern oder Obst herzustellen, ist eine Entsafter nötig. Es gibt zwei Haupttypen: Saftzentrifugen und Saftpressen. Achten Sie bei der Auswahl auf die Leistung und die Saftmenge, die gewonnen wird. Wenn Sie das Gerät häufig verwenden, ist es vermutlich besser, in eine echte Saftpresse zu investieren, diese Geräte sind jedoch teuer. Wenn frisch gepresste Säfte zu einem wichtigen Teil Ihres Lebens geworden sind, können Sie später immer noch aufrüsten.

SAFTPRESSEN/SLOW JUICER. Sie hacken Obst und Gemüse zu einer feinen Masse, die dann durch ein feines Metallnetz gepresst wird. Saftpressen sind etwas teurer als Saftzentrifugen, liefern aber auch erheblich mehr Saft. Saftmaschinen arbeiten bei sehr niedriger Motordrehzahl, sodass sie meist leise sind. Das Gemüse wird schonender behandelt und der Saft oxidiert nicht so schnell. Säfte aus der Saftpresse sind nährstoffreicher als die aus der Saftzentrifuge, weil mehr Enzyme bewahrt werden. Saft aus der Saftpresse muss innerhalb von 48 Stunden getrunken werden, am besten sofort. Die Presse nach Verwendung sofort reinigen, damit keine Fruchtreste antrocknen. Ich besitze eine Saftmaschine der Marke OMEGA, die extrem leicht zu reinigen ist.

SAFTZENTRIFUGEN. Diese Maschinen hobeln Obst und Gemüse und zentrifugieren das Fruchtfleisch durch ein feinmaschiges Netz. Saftzentrifugen sind oft preiswerter als Saftpressen, produzieren jedoch weniger Saft. Außerdem wird ein Teil der Enzyme zerstört, da die rotierenden Messer sehr warm werden können. Saft von Saftzentrifugen muss innerhalb von 24 Stunden getrunken werden, besser sofort, weil durch das Zentrifugieren Säure zugeführt wird, die den Saft oxidieren lässt und die Haltbarkeit verkürzt. Wichtig ist, die Maschine sofort nach Verwendung zu reinigen, sonst trocknet das Fruchtfleisch an.

ZITRONENPRESSE. Mit einer einfachen Zitronenpresse kommt man schon ziemlich weit. Es gibt viele verschiedene Varianten, sowohl manuell als auch elektrisch betriebene, doch die Wahl richtet sich auch hier nach der Menge des Saftes, den Sie herstellen wollen. Sind es nur ein bis zwei Gläser, reicht eine manuelle Presse vollkommen aus. Sie ist außerdem leichter zu reinigen und recht preiswert. Sind es große Mengen, sollte es schon ein aufwendigeres Gerät sein. Auch hier ist sofortiges Reinigen unabdingbar.

Pürierstab

Wenn man hier und da mal einen Smoothie machen möchte, reicht ein Pürierstab aus. Er ist einfach in der Anwendung und leicht zu reinigen. Denken Sie jedoch daran, dass ein Pürierstab eben zur Herstellung von weichem Püree gedacht und nicht für hartes Gemüse geeignet ist. Die Klingen gehen bei Überlastung schnell kaputt.

Küchenmaschine

Sie sollte eigentlich in keiner Küche fehlen. Küchenmaschinen sind für größere Mengen von Smoothies bestens geeignet, doch leider bleibt meist eine ziemliche Menge von Fruchtmark im Schneidwerk hängen. Küchenmaschinen bestehen oft aus vielen Kleinteilen, darum ist die Reinigung recht mühsam.

Praktische Hilfsmittel

APFELENTKERNER. Er erleichtert das mühsame Entfernen der Kerngehäuse von Äpfel und Birnen und das Zurechtschneiden von Obstscheiben für die Garnierung.

EIS-CRUSHER. Wenn Ihr Mixer stark genug ist, um Eiswürfel zu zerkleinern, brauchen Sie so etwas nicht. Man kann Eiswürfel auch per Hand zerkleinern: Dafür die Eiswürfel in ein sauberes Küchenhandtuch einschlagen und mit einem schweren Gegenstand wie etwa einem Hammer oder Nudelholz bearbeiten.

EISFÖRMCHEN. Damit können Sie Smoothies und frisch gepresste Fruchtsäfte zu leckeren Eislollys einfrieren – eine willkommene und gesunde Erfrischung an heißen Sommertagen. Der Saft sollte dafür so konzentriert wie möglich sein – verwenden Sie für die Smoothies kein Eis, sonst schmeckt der Eislolly wässrig.

EISWÜRFLBEHÄLTER. Eiswürfelbehälter sind unersetzlich zum Einfrieren kleiner Mengen von Kokosmilch, Kokoswasser, Maracujamark, Obstpüree, frisch gepresstem Saft sowie Smoothie-Resten und flüssigen Zutaten wie Soja- oder Nussmilch. Ich friere alles ein, was übrig bleibt und sich irgendwie für einen Smoothie verwenden lässt. Die Würfel dienen später als Geschmacks- und Konsistenzbooster und als Eiswürfel zugleich. Die fertig gefrorenen Würfel aus dem Behälter lösen und in eine Gefriertüte umfüllen.

GEFRIERBEUTEL. Gefrierbeutel sind unentbehrlich, denn man kann darin alles in handlichen Mengen einfrieren. Ich kaufe zur Hochsaison immer Mengen von Beeren und frischen Früchten und friere sie portionsweise ein. Tüten mit luftdichtem Verschluss sind am besten. Vergessen Sie nicht, ein Etikett mit Datum, Inhalt und, wenn nötig, Gewicht aufzukleben. Alternativ können Sie die Tüte mit einem Eddingstift beschriften.

GEFRIERSCHRANK. Wenn Sie viel Obst und Beeren einfrieren und Mengen an Eiswürfeln brauchen, benötigen Sie einen großen Gefrierschank.

In einem normalen Gefrierschrank halten sich Obst und Beeren zwei bis drei Monate, bei Temperaturen unter -18 °C auch länger.

KARTOFFELSCHÄLER. Unersetzlich zum Schälen von Mango, Wurzelgemüse und beispielsweise Äpfel und Birnen aus konventionellem Anbau. Bio-Obst und Gemüse muss in der Regel nicht unbedingt geschält werden. Wollen Sie es doch tun, schälen Sie es nach dem Waschen so dünn wie irgend möglich. Mit Wachs behandeltes und gespritztes Obst hingegen muss grundsätzlich geschält werden.

KÜCHENREIBE. Gut geeignet zum Reiben von Orangen- und Zitronenschale, Ingwer, Möhren und Roter Bete, entweder vor dem Mixen oder als Garnierung. Für Obst mit viel Säure empfiehlt sich eine Edelstahlreibe.

KÜCHENSIEB. Um Kerne und gröbere Schwebeteilchen zu entfernen, kann man den Smoothie durch ein feinmaschiges Küchensieb streichen. Ich gieße auch frisch gepressten Saft von Zitrusfrüchten durch ein Sieb, da doch immer einmal ein Kern mit durchrutscht. Für säuerliche Früchte empfiehlt sich ein Nylonsieb, denn Metall kann den Geschmack ungünstig beeinflussen.

KÜCHENSPACHTEL. Unverzichtbar zum Ausschaben der Mixgefäße, damit kein Tropfen verloren geht!

KÜCHENWAAGE. Zum Abwiegen exakter Mengen aller Zutaten empfiehlt sich eine gute Küchenwaage. Je nach Erntesaison oder Reifegrad kann das Gewicht von Obst und Gemüse leicht schwanken. Sofern Sie keine Kalorien zählen müssen, ist es am besten, nach Augenmaß vorzugehen und ein wenig herumzuprobieren, bis Ihnen der Geschmack zusagt.

KÜHLSCHRANK. Alle Milchprodukte, frisch gepresste Säfte, offene Verpackungen und viele frische Obstsorten müssen im Kühlschrank gelagert werden. Damit das Obst nicht zu schnell reift oder durch andere Lebensmittel einen Beigeschmack erhält, bewahrt man es am besten in verschlossenen Plastikbeuteln auf. Soll Obst schneller reifen, muss es bei Zimmertemperatur gelagert werden.

MESSER. Qualitätsmesser aus rostfreiem Edelstahl sollte es in jeder Küche in verschiedenen Größen geben. Nehmen Sie immer ein großes Messer für große Früchte, damit werden die Scheiben glatt und ebenmäßig und die Finger bleiben heil! Mit dem Messer kann man aus Obst und Gemüse hübsche Dekorationen schnitzen. Je dünner die Messer sind (sie dürfen auch gern ein wenig biegsam sein), desto besser lassen sich Grapefruits filetieren oder Kiwis richtig dünn schälen, damit die Vitamine unter der Schale erhalten bleiben.

MESSLÖFFELSATZ. Ein nützliches Hilfsmittel für kleinere Zutatenmengen, wie Nussmilch, Joghurt oder Gewürze – und wenn Sie sich nicht auf Ihr Augenmaß verlassen mögen!

OBSTBÜRSTE. Da viele Vitamine, Antioxidantien, Ballaststoffe und Mineralien direkt unter der Schale sitzen, kann man manche Obstsorten mit einer harten Bürste schonender von der Schale befreien. Es gibt Obstbürsten in verschiedenen Härtegraden; die härteste für Wurzelgemüse und Rote Bete und eine etwas weichere Variante für empfindlichere Schalen wie z. B. reife Birnen oder Kiwifrüchte.

OLIVENENTSTEINER. Ein praktisches Hilfsmittel für Kirschen und kleinformatiges Steinobst. Ein kleines, spitzes Messer tut es natürlich auch, macht aber viel mehr Mühe!

ORANGENSCHÄLER. Ein Orangenschäler ist wesentlich effektiver als eine Küchenreibe und lässt sich besser handhaben als ein gewöhnliches Messer.

SCHNEIDEBRETT. Für Obst und Gemüse sollte man jeweils ein separates Schneidebrett verwenden. Das Brett sollte nach jedem Gebrauch unverzüglich gewaschen werden, damit es sich nicht verfärbt und der Geschmack sich nicht darin festsetzt. Trotz aller Reinlichkeit ist dies ein ideales Milieu für Bakterien, daher die Bretter regelmäßig austauschen.

Der richtige Mixer

Bevor Sie in einen Mixer investieren, sollten Sie klären, welchen Bedarf Sie eigentlich haben. Ein Billigkauf kann sich als Fehlinvestition herausstellen – und ist somit letztendlich teurer.

Besonders ärgerlich ist es, wenn man Geld für einen Mixer ausgegeben hat, der den Erwartungen nicht entspricht und sein Dasein in den Tiefen des Küchenschranks zubringen muss. Hier einige Tipps, was beim Kauf eines neuen Mixers, auch *Blender* genannt, zu berücksichtigen ist.

WIE OFT UND WIEVIEL. Wenn Sie häufig Smoothies mixen möchten, lohnt sich die Investition in einen Hochgeschwindigkeitsmixer *(High Speed Blender)* garantiert. Er ist lange haltbar und kann im Prinzip alles zu seidiger Konsistenz mixen – von Eis, Samen, Nüssen, tiefgekühlten Früchten bis hin zu festem Gemüse wie Möhren, Rote Bete und alle Arten von Blättern. Er arbeitet schnell und effektiv. Alles wird perfekt, nichts haftet an oder schwimmt im Behälter. Bestimmte Fabrikate bieten einen Trockenbehälter als Zusatz. Damit kann neben dem Mixen von Eis, Gemüse oder Beeren eigenes Mehl aus verschiedenen Getreiden, Soja, Bohnen oder Nüssen und Samen hergestellt werden.

PREIS. Ein Mixer kann von etwa fünfzig bis zu mehreren hundert Euro kosten. Die Qualität unterscheidet sich stark. Es gibt einfache Mixer für einfache, flüssige Smoothies und Hochgeschwindigkeitsmixer für anspruchsvollere Smoothies und Smoothie Bowls, z. B. mit Eis, tiefgekühltem Obst, festem Gemüse, Samen, Nüssen oder zur Herstellung eigener Nussmilch.

VERSCHIEDENE GESCHWINDIGKEITSSTUFEN. Wichtig ist, dass der Mixer in verschiedenen Geschwindigkeitsstufen arbeiten kann. Normalerweise beginnt man mit niedriger Geschwindigkeit zum Zerkleinern und Mischen des Inhalts. Danach erhöht man die Geschwindigkeit, sodass der Inhalt homogen und cremig wird. Schließlich lässt man den Mixer kurz auf Höchstgeschwindigkeit laufen.

MOTORLEISTUNG. Der Motor sollte hohen Belastungen u. a. beim Zerkleinern von Eiswürfeln und gefrorenen Zutaten standhalten. Seine Leistung sollte mindestens 1000 Watt betragen.

Das **DESIGN DES BEHÄLTERS** ist wichtig. Der Behälter sollte auf keinen Fall vollständig rund sein, sondern so geformt sein, dass er Widerstand bietet. Deshalb haben Qualitätsstandmixer viereckige oder kleeblattförmige Behälter. Der Deckel sollte oben eine Nachfüllöffnung haben, damit während des Mixens neue Zutaten zugegeben werden können, ohne die Maschine anhalten oder den Deckel ganz öffnen zu müssen.

Geeignet sind Behälter aus BPA (Bisphenol)-freiem, unzerbrechlichem, kratzfestem Kunststoff. Glasbehälter sind gut, häufig aber sehr schwer und leichter zerbrechlich. Behälter aus billigem Kunststoff können BPA enthalten, zerkratzen und verfärben sich leicht. Beim Kauf einer einfachen Maschine empfehle ich daher einen Glasbehälter.

Die **MESSER** des Mixers sollten groß, kräftig und rechtwinklig gebogen sein. Verwenden Sie beim Leeren und Rühren im Behälter einen Holzlöffel oder Silikonspatel, um die Messer nicht zu beschädigen. Löffel oder Spatel aus Metall sind tabu!

MITGELIEFERTE STAMPFER. Ein guter Mixer wird mit Stampfer geliefert, um die Zutaten zu den Messern nach unten zu stoßen. Der Stampfer ist an den Behälter angepasst und beschädigt die Messer nicht. Der Stampfer drückt harte oder zähfließende Zutaten zu den Messern und entfernt Luftblasen. Verwenden Sie den Stampfer immer nur für das Gefäß, für das er auch bestimmt ist. Selbst Behälter derselben Marke können unterschiedlich sein. Die Bedienungsanleitung sollten Sie immer sorgfältig lesen und sich bei Fragen an den Händler wenden. Bei Maschinen ohne mitgelieferten Stampfer niemals etwas bei laufender Maschine hineinstoßen.

ÜBERHITZUNGSSCHUTZ. Bestimmte Maschinen haben einen eingebauten Überhitzungsschutz. Der Mixer stoppt dann einfach und arbeitet erst wieder, wenn er abgekühlt ist.

Auch die **GARANTIE** ist ein wichtiger Aspekt. Ich hatte viele Mixer, die bereits nach einem Jahr defekt waren. Kontrollieren Sie daher den Garantiezeitraum vor dem Kauf. Die gesetzliche Garantie beträgt zwei Jahre, doch es gibt auch Hersteller, die einen längeren Garantiezeitraum anbieten. Mein Mixer hat sieben Jahre Garantie.

PFLEGEN SIE IHREN MIXER! Die Bedienungsanleitung immer sorgfältig lesen und bei Fragen an den Händler wenden! Die Garantie verfällt, wenn Sie Ihren Mixer falsch einsetzen. Daher sollten Sie ihn sorgfältig pflegen.

Alle Rezepte in diesem Buch wurden mit den High-Speed-Mixern *Vitamix Pro 750* und *Vitamix S-30* hergestellt, beide mit mitgeliefertem Stampfer zur Erleichterung der Arbeit. Zur Herstellung von Smoothies ist

---

HÄUFIGE ANFÄNGERFEHLER

» Der Behälter fällt zu Boden, er zerbricht oder verbeult

» Beschädigung der Messer beim Auskratzen mit scharfen oder metallischen Gegenständen

» Stochern in der Maschine, wenn der Motor läuft

» Falsches Anbringen des Behälters auf der Maschine

» Abnehmen des Behälters vor dem Stillstand des Motors, obwohl die Maschine abgeschaltet ist

» Verwendung von Eis oder zu harten Zutaten *(bei einfachen Maschinen)*

» Überhitzung des Motors

ÜBERLEGUNGEN VOR DEM KAUF

» Preis

» Motorleistung (min. 1000 W)

» Anzahl der Geschwindigkeitsstufen

» voreingestellte Programme

» Material, Größe und Form des Behälters

» Konstruktion und Größe der Messer

» mitgelieferter Stampfer, Nachfüllöffnung

» Überhitzungsschutz

» Garantiezeitraum

ein Hochgeschwindigkeitsmixer auf jeden Fall von Vorteil. Nüsse, Samen und grüne Blätter sind übliche Zutaten, oft sind sie sogar gefroren.

Wenn Sie keinen Hochgeschwindigkeitsmixer haben und gefrorenes Obst verwenden, können Sie es etwas antauen lassen und mehr Flüssigkeit als angegeben verwenden. Wenn Ihre Maschine kein Eis zerkleinern kann, lassen Sie es weg. Setzen sich die Zutaten ab oder schwimmen sie nur, Maschine abschalten und den Smoothie mit einem Silikonspatel von den Seiten nach unten schieben.

Viel Glück!

Tipps!

Bei der Zubereitung von Smoothies immer erst die Flüssigkeiten, dann Zutaten wie Nüsse und Samen einfüllen, die leicht zerkleinert werden können. Zuletzt gefrorenes Obst und Eis zugeben. Mit niedriger Geschwindigkeit starten, dann erhöhen. Bei Bedarf Stampfer einsetzen.

Kleiner Zutaten-Ratgeber

Obst, Beeren und Gemüse können in Smoothies verarbeitet werden. Hier folgt eine Liste der gängigsten Produkte. Das Experimentieren mit Früchten, Gemüsesorten und Beeren, die hier nicht genannt werden, ist natürlich erlaubt!

ANANAS. Sie enthalten viel Vitamin C und Ballaststoffe. Die Ananas ist reif, wenn sich eines der äußeren Blätter leicht abzupfen lässt. Am besten ist es, eine unreife Ananas zu kaufen und sie zu Hause nachreifen zu lassen. Eine reife Ananas hält sich im Kühlschrank etwa eine Woche, bei Zimmertemperatur etwa drei Tage. Man kann sie sehr gut einfrieren. Dafür schälen, das holzige Mittelstück entfernen und die Frucht in Stücke schneiden.

ÄPFEL. Äpfel sind eine gute Vitamin-C-Quelle und enthalten außerdem Ballaststoffe und Antioxidantien. Sie sollten kühl gelagert werden, gern in einer Tüte im Kühlschrank, da sie sich bei Zimmertemperatur nicht sehr lange halten. Sie geben Ethylengas ab, das den Reifungsprozess beschleunigt. Frisch gepflückte Äpfel schmecken ganz einfach am besten! Der Saft lässt sich gut einfrieren.

APRIKOSEN. Aprikosen enthalten Betacarotin, das im Körper zu Vitamin A umgewandelt wird, sowie Ballaststoffe, Vitamin C, Kalium, Kalzium, Magnesium und Vitamin B6. Die beste Lagerung ist im Kühlschrank; bei Zimmertemperatur sollten Aprikosen nach ein bis zwei Tagen verwendet werden.

AVOCADOS. Sie enthalten unter anderem Vitamin E. Das Fruchtfleisch einer reifen Avocado gibt bei Druck mit dem Finger leicht nach. Am besten kauft man harte Früchte und lässt sie drei bis vier Tage bei Zimmertemperatur nachreifen. Die Reifung geht noch schneller, wenn man die Frucht zusammen mit einem Apfel, einer Birne oder einer Banane in eine Papiertüte gibt und in das Gemüsefach des Kühlschranks legt. Kalt gelagert reift sie nicht, sondern wird unansehnlich braun.

BANANEN. Sie werden grün und unreif importiert und dann mithilfe von Ethylengas zur Reifung gebracht. Bananen enthalten viel Kalium, Vitamin B6 und Magnesium. Man sollte sie bei Zimmertemperatur oder etwas kühl lagern, unbedingt in der eigenen Schale und in einiger Entfernung zu anderen Früchten. Allzu kühl gelagert werden Bananen schwarz. Sie sind sehr stoß- und druckempfindlich und das Fruchtfleisch wird bei Beschädigung schnell braun. Bananen geben Smoothies eine angenehm cremige Konsistenz. Man kann sie wunderbar einfrieren: Zuerst in Stücke schneiden und auf dem Backblech vorgefrieren, dann in Tüten umfüllen.

BIRNEN. Birnen werden seit tausenden von Jahren angebaut. Sie sind sehr ballaststoffreich und enthalten außerdem Kalium, Riboflavin sowie Vitamin A und C. Sie halten sich nicht sehr lange und gehören daher in einen Plastikbeutel in den Kühlschrank. Vor dem Verzehr sollten sie jedoch vier bis sechs Tage bei Zimmertemperatur gelagert werden, damit sie ihren Geschmack voll entwickeln. Sie sondern viel Ethylengas ab.

BLAUBEEREN. Eine gute Quelle von Vitamin C, B und Antioxidantien. Pflücken Sie nur die blauen Beeren, schwarze sind zu reif! Gekaufte Beeren sollten prall und frisch sein und keine Runzeln haben.

Sie halten sich im Kühlschrank ein bis zwei Tage, lassen sich jedoch auch gut einfrieren. Gekaufte Beeren enthalten meist weniger Antioxidantien als Wildbeeren.

BROKKOLI. Für Veganer und Menschen mit Laktoseintoleranz ist Brokkoli eine wunderbare Kalziumquelle. Er ist auch sehr reich an Vitamin C sowie A, K, B9 (Folsäure) und Ballaststoffen. Neben den Vitaminen E, B1, B2, B3 und B6 enthält er ferner Eisen, Kalium, Kalzium Magnesium und Zink. Man lagert Brokkoli am besten in einem Plastikbeutel im Gemüsefach.

BROMBEEREN. Sie enthalten viel Vitamin C, E und K sowie Kalium, Mangan, Magnesium, Eisen und Ballaststoffe. Wilde Beeren reifen im September/Oktober, Kulturbeeren etwas früher. Sie halten sich nach der Ernte einen Tag lang bei Zimmertemperatur, doch man kann sie gut einfrieren. Beeren sind empfindlich – daher empfiehlt es sich, sie vorsichtig direkt in einen Plastikbeutel zu pflücken und darin in den Gefrierschrank zu geben.

CLEMENTINEN, SATSUMAS und MANDARINEN. Sie gehören zu den Zitrusfrüchten. Während Mandarinen viele Kerne haben, sind Satsumas und Clementinen fast kernfrei. Obwohl alle Zitrusfrüchte reif geerntet werden, kann sich die Satsumaschale grün verfärben.

DATTELN. Die ca. 4 cm lange, ballaststoffreiche Steinfrucht enthält viel Kalium, Vitamin A und D. Man kann sie bis zu zwei Monate im Kühlschrank lagern und auch gut einfrieren (vorher entsteinen).

ERBSEN. Grüne Erbsen sind reich an Vitamin B9 (Folsäure) und enthalten außerdem Vitamin C, B1, B2, B3 und B6, Eisen, Magnesium, Kalium, Zink und viele Ballaststoffe. Man kauft sie am besten gleich tiefgekühlt ein.

ERDBEEREN. Sie enthalten mehr Vitamin C als Orangen und sind außerdem sehr eisenreich. Die Früchte sind sehr druckempfindlich und sollen daher nicht überreif sein. Sie halten sich kurze Zeit im Kühlschrank, sollten aber am selben Tag verzehrt werden. Man kann sie entweder im Ganzen (vorher putzen) oder in Scheiben einfrieren.

GRANATÄPFEL. Sie enthalten Folsäure und Antioxidantien wie Vitamin C, Karotin, Gallocatechin und Anthocyane, die den Kernen die rote Farbe geben. Die süßsäuerlichen Kerne und das geleeartige Fruchtfleisch sind essbar. Der rote Farbstoff, auch Grenadin genannt, wird oft zum Färben von Getränken verwendet. Ein reifer Granatapfel ist braunrot, doch da er sich nicht lange frisch hält, ist es am besten, rote Früchte zu kaufen, die noch etwas nachreifen müssen. Ist die Schale hart und trocken, hat die Frucht zu lange gelegen. Im Kühlschrank halten sich Granatäpfel etwa zwei Wochen. Ausgepresst und in Eiswürfelbehältern eingefroren hält sich der Saft zwei bis drei Monate. Man kann jedoch auch die ganzen Kerne einfrieren.

GRAPEFRUITS. Eine halbe Grapefruit deckt den Tagesbedarf an Vitamin C mehr als reichlich. Sie enthält Chinin, wodurch der aromatisch-frische Geschmack eine ganz leicht bittere Note bekommt. Wählen Sie Früchte mit fester Schale ohne Schadstellen. Die Haltbarkeit richtet sich nach dem Herkunftsland. Man lagert sie am besten bei 10–15 °C. Grapefruit kann die Wirkung mancher bei Herz- und Gefäßkrankheiten verabreichten Medikamente beeinträchtigen, daher ist in diesem Falle Vorsicht geboten. Der Saft lässt sich gut einfrieren.

GURKEN. Unser wasserreichstes Gemüse enthält gewisse Mengen an Vitamin C und K. Sobald sich Gurken leicht biegen lassen, sind sie nicht mehr knackfrisch. Gurken sind kälteempfindlich, trocknen bei Zimmertemperatur jedoch schnell ein, daher erfolgt die Lagerung am besten in einem Plastikbeutel im Gemüsefach oder bei 7–14 °C. Der Plastikbeutel schützt die Gurken vor Austrocknung und vor der Einwirkung von Ethylengasen anderer Früchte.

HIMBEEREN. Obwohl es auch schwarze und gelbe Himbeeren gibt, kennt man in Europa fast nur rote Sorten. Sie enthalten Ballaststoffe und Vitamin C. Die Beeren sollen gleichmäßig gefärbt sein und nicht länger als zwei Tage gelagert werden. Im Gefrierschrank halten sie sich zwei bis drei Monate.

JOHANNISBEEREN. Es gibt rote, schwarze und sogar weiße Johannisbeeren. Alle enthalten viel Vitamin A, C, K sowie Kalium und viele Ballaststoffe. Die Samen der schwarzen Johannisbeeren enthalten außerdem Gammalinolensäure, Vitamin E und ungesättigte Fettsäuren, die sich günstig auf den Cholesterinspiegel auswirken. Am gesündesten sind also die schwarzen Beeren mit zerstoßenen Samenkernen (wie etwa in Beerenpulver). Sie halten sich bei Zimmertemperatur zwei Tage, im Kühlschrank ungefähr eine Woche. Johannisbeeren lassen sich auch gut einfrieren.

KAPSTACHELBEEREN/PHYSALIS. Die von einer papierartigen, nicht essbaren Hülle umschlossenen Beeren sind reich an Vitamin A und C. Sie sind trotz ihres Namens nicht mit Stachelbeeren verwandt, sondern gehören zu den Nachtschattengewächsen. In der Hülle halten sich Kapstachelbeeren einige Wochen im Kühlschrank, die Beeren selbst kann man auch einfrieren.

KIRSCHEN. Es gibt Süß- und Sauerkirschen. Süßkirschen sind reich an Vitamin C. Sie enthalten außerdem Ballaststoffe und Kalium und laut neuester Forschung sogar entzündungshemmende Wirkstoffe. Wählen Sie glänzende, pralle Früchte ohne Schadstellen und mit frischem Stiel. Kirschen halten sich bei Zimmertemperatur zwei Tage, im Kühlschrank ein paar Wochen. Sie sind druckempfindlich und sollten daher nicht in einer Tüte gelagert werden. Entsteinte Kirschen lassen sich auch einfrieren.

KIWI. Die nach dem Nationalvogel Neuseelands benannte Frucht ist reich an Vitamin C und Kalium. Man kann die Schale übrigens mitessen. Das Fruchtfleisch ist meist grün, doch es gibt auch gelbe Sorten, die etwas süßer im Geschmack sind. Kiwis reifen sehr schnell bei Zimmertemperatur. Man kann die Reifung beschleunigen, indem man die Früchte mit einem Apfel in einen Plastikbeutel steckt. Unreife Kiwifrüchte halten sich drei Wochen in einem Plastikbeutel im Gemüsefach. Schrumpelige oder weiche Früchte wegwerfen.

KOHL. Grünkohl hat den höchsten Vitamingehalt aller Mitglieder der Kohlfamilie (z. B. Brokkoli, Blumenkohl, Weißkohl, Rotkohl und Rosenkohl). Er ist reich an Vitamin C, A, K, B6 und enthält viele Mineralstoffe, darunter Kalzium, Eisen, Kupfer, Mangan, Phosphor und Kalium. Wie alle Kohlgewächse unterstützt Grünkohl die Gesundheit der Darmflora, reinigt das Blut und entgiftet den Körper. Das Schöne ist, dass es Grünkohl von Oktober bis März gibt, wenn wenig anderes regionales Gemüse im Angebot ist.

LIMETTEN. Sie enthalten zwar Vitamin C, jedoch deutlich weniger als Zitronen. Sie werden wie Zitronen verwendet, sind aber etwas subtiler im Geschmack. Limetten vertragen keinen Frost und müssen daher im Gemüsefach gelagert werden. Frisch gepressten Saft kann man jedoch auch einfrieren.

MANGOS. Die Frucht ist besonders reich an Betacarotin, das sich im Körper zu Vitamin A umwandelt und sie enthält außerdem Vitamin C und Kalium. Allergiker sollten Vorsicht walten lassen, da Mango, wie Cashewkerne auch, die Allergien auslösende Säure Urushiol enthält. Reife Früchte geben bei Druck leicht nach, sind aber nicht weich und duften angenehm. Man kann ihnen den Reifegrad jedoch nicht an der Schale ansehen, denn es gibt über 1000 bekannte Sorten mit verschieden gefärbter Schale. Mangos halten sich zwei Wochen im Kühlschrank, mit einem Apfel oder einer Banane in einem Plastikbeutel lässt sich die Reifung beschleunigen. Reife Früchte halten sich ein paar Tage, sofern sie nicht unter

10 °C gelagert werden. Geschälte und entkernte Mangos kann man einfrieren.

MELONEN. Sie sind mit dem Kürbis verwandt. Es gibt Zucker- oder Wassermelonen. Die Kerne der Zuckermelonen befinden sich im Zentrum, die der Wassermelonen sitzen im Fruchtfleisch (mehr dazu unter Wassermelonen). Wenn die Melone am Blütenende (dem Stiel gegenüberliegend) duftet, ist sie reif. Ganze Melonen können bei Zimmertemperatur gelagert werden, angeschnittene müssen in den Kühlschrank. Melonen sondern die Reifung beschleunigendes Ethylengas ab.

MÖHREN. Sie kamen im 12. Jahrhundert aus Zentralasien nach Europa. Damals waren sie noch knallrot. Möhren enthalten Betacarotin, das im Körper zu Vitamin A umgewandelt wird und den Möhren die charakteristische orangegelbe Färbung gibt. Sie sollten kühl gelagert werden, gern in einem Plastikbeutel im Gemüsefach. Das Grün vorher abschneiden, da dies den Möhren Nährstoffe und Flüssigkeit entzieht. Den ausgepressten Saft kann man einfrieren.

MOOSBEEREN. Die leicht fade schmeckende Heidelbeerart enthält viel Vitamin C und Antioxidantien und ist sehr wirksam gegen Infektionen der Harnwege sowie gegen Karies. Moosbeeren, die Frost bekommen haben, schmecken süßer. Mann kann sie auch früher ernten und dann einfrieren.

NEKTARINEN. Sie sehen aus wie Pfirsiche mit glatter Schale und enthalten Vitamin A, B und C. Oft schmecken Nektarinen auch intensiver als Pfirsiche. Bei Zimmertemperatur nachreifen lassen (das geht sehr schnell) und in einem Plastikbeutel im Kühlschrank aufbewahren. Bei Zimmertemperatur halten sich reife Nektarinen ein bis zwei Tage. Sie sondern Ethylengas ab.

ORANGEN. Fast alle Zitrusfrüchte haben viel Vitamin C. Allzu große Früchte schmecken leicht wässrig. Suchen Sie nach mittelgroßen Orangen, die für ihre Größe schwer sind und eine dünne, glatte Schale haben. Man sollte sie in einem Plastikbeutel im Kühlschrank lagern. Bei Zimmertemperatur halten sie sich ein bis zwei Wochen. Zum Einfrieren auspressen und in Eiswürfelbehältern einfrieren. Anschließend in einen Plastikbeutel umfüllen.

PAPAYAS. Papayas sind reich an Vitamin A, B, C und E, Antioxidantien wie Karotin und Zeaxantin sowie Flavonoiden. Außerdem enthalten sie Mineralstoffe wie Kalium, Magnesium, Kalzium und Eisen sowie das Enzym Papain, das in Arzneien gegen Verdauungsprobleme verwendet wird. Papayas halten sich bis zu drei Wochen im Kühlschrank. Unreife Früchte reifen innerhalb von zwei Tagen bei Zimmertemperatur. Das gelbe Fruchtfleisch ist süß und schmackhaft, die gelbgrüne Schale wird nicht mitgegessen. Reife Früchte sollen gleichmäßig gefärbt sein. Der süße Saft kann von einem Schuss Limettensaft profitieren. Die Samen sind zwar essbar, schmecken aber unangenehm scharf und eignen sich nicht als Smoothie- oder Saftzutat. Geschälte und entkernte Papaya kann man einfrieren.

PASSIONSFRUCHT/MARACUJA. Sie enthält Vitamin C, Betacarotin, Kalium und Ballaststoffe. Es gibt rotviolette, rotgelbe und gelbe Maracuja im Handel. Halten Sie nach festen, nur ganz leicht schrumpeligen Früchten Ausschau. Sie dürfen nicht zu leicht sein, denn das weist auf Austrocknung hin. Maracujas halten sich im Kühlschrank drei bis vier Wochen. Das Fruchtfleisch kann man gut in Eiswürfelbehältern einfrieren und hinterher in Beutel umfüllen.

PFIRSICHE. Sie enthalten Vitamin A, B und C. Da sie bei Zimmertemperatur schnell reifen, halten sie sich dort nur ein bis zwei Tage, im Kühlschrank (in Plastikbeuteln) jedoch bis zu zwei Wochen.

PFLAUMEN. Diese Steinobstsorte ist reich an A-, C- und E-Vitaminen sowie Vitamin B_2, B_3 und B_6, Kalzium, Eisen, Magnesium, Phosphor und Ballaststoffen. Es gibt sie in verschiedenen Farben und Größen.

Getrocknete Pflaumen, die sogenannten Backpflaumen, sind sehr nahrhaft. Pflaumen reifen bei Zimmertemperatur schnell und können dann im Kühlschrank verwahrt werden.

PREISELBEEREN. Sie enthalten Kalium, Kalzium, Eisen, Phosphor, Vitamin A, C und E. Sie halten sich im Kühlschrank einen Monat frisch (in einer mit Küchenpapier ausgekleideten Plastikdose). Das liegt daran, dass sie das natürliche Konservierungsmittel Benzoesäure enthalten. Aus diesem Grund braucht man für kalt gerührte Konfitüre auch keine Zusatzstoffe. Frische Beeren kann man auch einfrieren.

RHABARBER. Rhabarber ist sehr reich an Vitamin C und Eisen. Man kann ihn sehr gut einfrieren. Ansonsten bewahrt man ihn am besten in einem Beutel im Gemüsefach auf, denn bei Zimmertemperatur wird er schnell schlaff.

ROTE BEETE. Sie enthält große Mengen Kalium, Eisen, Folsäure, Kalzium, Magnesium, Phosphor, Mangan und Vitamin C. Die Blätter enthalten außerdem das Antioxidant Betacarotin. Es gibt sogar gelbe und rotweiß gestreifte Sorten. Man lagert sie am besten in einem Plastikbeutel im Gefrierfach. Bei 4 °C hält sie sich bis zu vier Monate, bei Zimmertemperatur jedoch höchstens zehn Tage. Der Saft kann eingefroren werden.

SANDDORN. Die gelben Beeren enthalten viel Vitamin C und das besonders für Veganer so wertvolle Vitamin B12. Daneben enthalten sie Vitamin B1, B2, B3 (Niacin), B6, B9 (Folsäure), Pantothensäure, Vitamin H (Biotin) sowie Vitamin E und K. Sanddornbeeren halten sich im Kühlschrank eine Woche, doch man kann Saft oder Beeren wunderbar einfrieren.

SELLERIE. Sellerie ist reich an Kalium und ein ausgezeichneter Lieferant von Vitamin A, C, Kalzium und Protein. Die grünen Blätter müssen innerhalb von zwei Tagen verbraucht werden, da sich Vitamin C, Kalium und Kalzium dort sehr rasch abbauen. Halten Sie nach knackigen Stängeln und leuchtend grünen Blättern Ausschau. In einem Plastikbehälter oder in ein feuchtes Küchentuch eingeschlagen im Kühlschrank aufbewahren. Bei Zimmertemperatur verliert Sellerie sehr schnell an Feuchtigkeit und beginnt zu welken. Leicht welken Sellerie mit Wasser abspülen und dann in den Kühlschrank stellen, dann wird er wieder knackig.

SPINAT. Spinat ist ein „Superfood", denn er ist sehr reich an Antioxidantien und den Vitaminen A, B, C und K sowie B9 (Folsäure), Kupfer, Eisen, Magnesium, Kalzium, Chlorophyll und Ballaststoffen. Er hält sich in einem luftgefüllten Plastikbeutel im Kühlschrank etwa eine Woche.

WASSERMELONEN. Sie enthalten Vitamin A, B und C. Die bekannteste Art hat eine grüne Schale, doch es gibt auch grün gesprenkelte und gelbe Sorten. Durch ihren hohen Wassergehalt sind Wassermelonen ideal für Smoothies geeignet. Nehmen Sie eine feste Melone in die Hand und klopfen Sie dagegen. Wenn es hohl klingt, ist sie reif. Ganze Melonen halten sich je nach Sorte und Reifegrad bei Zimmertemperatur bis zu zwölf Tage, im Kühlschrank etwas länger.

WEINTRAUBEN. Sie enthalten Vitamin C, Kalium und Ballaststoffe. Sie werden immer reif geerntet und sind daher nur begrenzt haltbar. In einem Plastikbeutel im Kühlschrank halten sie sich etwa eine Woche. 20 Minuten vor dem Verzehr aus dem Kühlschrank nehmen.

ZITRUSFRÜCHTE. Der Sammelbegriff für eine Gruppe von Früchten, die sehr reich an Vitamin C sind, darunter Orangen, Clementinen, Zitronen, Grapefruits, Mandarinen und Satsumas. Alle Zitrusfrüchte kann man bei Zimmertemperatur oder im Kühlschrank lagern. Zitrusfrüchte mit dünner Schale bleiben bei Zimmertemperatur saftiger, während Früchte mit dicker Schale gekühlt mehr Saft geben. Frischer Fruchtsaft lässt sich wunderbar einfrieren.

Noch mehr Zutaten

Seien Sie kreativ und entwickeln Sie Ihre eigenen Rezepte! Man kann tatsächlich fast alle Zutaten für einen Smoothie nutzen. Die einzige Grenze ist die eigene Fantasie – probieren Sie es also einfach einmal aus!

Flüssigkeiten

Flüssige Zutaten für Smoothies gibt es in großer Auswahl. Manche davon, zum Beispiel Hafer- oder Nussmilch, kann man problemlos selbst herstellen. Gekaufte Produkte können Zucker enthalten.

HAFERMILCH. Sie besteht aus Haferflocken und Wasser und enthält viel Vitamin B1, Eisen und Antioxidantien. Manche Hersteller setzen noch Vitamin D zu, das aus Schafwolle gewonnen wird – für Veganer also nicht geeignet. Oft werden der Milch auch natürlich vorkommende Enzyme zugesetzt, darunter Vitamin A und B12. Man kann Hafermilch nach dem Rezept auf Seite 47 leicht selbst herstellen. Offene Packungen halten sich im Kühlschrank ein paar Tage lang frisch. Die Milch lässt sich in Eiswürfelbehältern gut einfrieren.

KAMILLENTEE. Der Tee wird meist aus getrockneten oder frischen Kamillenblüten zubereitet: 1–2 Teelöffel Kräuter auf eine große Tasse Wasser. Er wirkt schmerzlindernd und entzündungshemmend, krampflösend und desinfizierend. Er ist beruhigend und fiebersenkend und wird daher gern am Abend getrunken. Auch als Hausmittel gegen Blasenentzündung, Atembeschwerden, Koliken und andere Magenbeschwerden kennt man Kamillentee. Ferner wird er als Gurgelmittel bei Halsinfektionen sowie äußerlich bei verschiedenen Hautproblemen angewendet. Ein wohl duftendes Kamillenblütenbad wirkt sehr entspannend. Früher legte man Kamillensträuße in den Kinderwagen, um den Teufel fernzuhalten.

Dunkel und trocken, aber nicht zu warm lagern. Vorsicht bei Heuschnupfen und Allergien gegen Korbblütler.

KOKOSMILCH. Sie ist reich an Kalium, Eisen, Magnesium und Phosphor. Der Fettgehalt kann variieren, liegt aber meist bei 25 Prozent. Achten Sie darauf, dass die Kokosmilch ungesüßt und ohne Zusatzstoffe ist. Kleine Mengen kann man aus geriebener Kokosnuss und Wasser selbst herstellen. Gut im Eiswürfelbehälter einzufrieren.

KOKOSWASSER. Die klare Flüssigkeit der jungen, grünen Kokosnüsse besteht zu 95 Prozent aus Wasser – der Rest sind Nährstoffe und Mineralien, darunter Vitamin B und C, Phosphor, Kalzium und Zink. Es ist so reich an Kalium, dass es auch „der Sportdrink der Natur" genannt wird. Kokoswasser hält sich ein halbes Jahr im Gefrierschrank.

KOMBUCHATEE. Er enthält unter anderem Milchsäurebakterien, Essigsäure, Polysaccharide, Vitamin C, E, K, B1, B2, B6 und B12 sowie Eisen, Natrium, Mangan, Magnesium, Kalium, Kupfer und Zink. Der Tee wird aus dem fermentierten Kombucha-Pilz hergestellt. Man findet ihn in verschiedenen Geschmacksrichtungen im Naturkostladen. Man kann mit normalem Kombuchatee jedoch auch eigene Geschmacksrichtungen kreieren. Praktisch als Eiswürfel zu lagern.

MANDELMILCH. Sie besteht zu 20 Prozent aus Proteinen, enthält viele Ballaststoffe und ist besonders reich an Vitamin E, Eisen, Zink, Kalzium, Magnesium, Kalium und Phosphor. Ungesüßte Mandelmilch kann man kaufen oder aus Mandelbutter beziehungsweise Mandeln und Wasser selbst herstellen (siehe Rezept auf Seite 47). Gesüßte Mandelmilch enthält meist sehr viel Zucker. Problemlos als Eiswürfel einzufrieren.

NUSSMILCH. Sie wird aus gewässerten gemischten Nüssen hergestellt, darunter Mandeln, Cashewkerne, Haselnüsse oder Walnüsse. Man kann sie in gut sortierten Naturkostläden kaufen oder selbst herstellen. Kommerzielle Produkte können viel Zucker enthalten. Problemlos als Eiswürfel einzufrieren.

REISMILCH. Sie wird aus Vollkornreis gewonnen, hat einen sehr niedrigen Fettgehalt und ist laktose-, cholesterol- und zuckerfrei. Problemlos als Eiswürfel einzufrieren.

ROOIBOS-TEE. Er enthält unter anderem Zink, Magnesium, Kalzium, Mangan sowie Fluor und ein Antioxidant, das dem Alterungsprozess entgegenwirkt. Der Tee muss 6–8 Minuten ziehen; er entwickelt dabei nicht so viele Bitterstoffe wie gewöhnlicher Tee. Rooibos (Rotbusch) enthält kein Tein (Koffein). Man kann Rooibos-Tee heute fast überall kaufen. Bio-Tee ist natürlich am besten.

SOJAMILCH. Sie wird aus Sojabohnen gewonnen und hat den höchsten Proteingehalt aller pflanzlichen Milchersatzflüssigkeiten. Außerdem ist sie reich an Vitamin E und Lecithin. Auch Soja-Eiscreme sowie Soja-Joghurt sind ausgezeichnete Smoothie-Zutaten. Aus Sojamehl kann man selbst Sojamilch zubereiten. Gut einzufrieren.

Nüsse & Samen

Nehmen Sie am besten natürliche, ungesalzene, unbehandelte, ungeröstete Mandeln, Haselnüsse, Paranüsse, Pekannüsse, Pinienkerne, Pistazien oder Walnüsse aus ökologischem Anbau. Nüsse werden relativ schnell ranzig. Frieren Sie die Nüsse daher am besten ein. Sinnvoll ist es, feste Nüsse einige Stunden oder auch über Nacht einzuweichen, um die schwer verdaulichen Enzyme zu lösen. Außerdem gewinnt der Körper dann mehr Nährstoffe aus den Nüssen.

Chia-Samen, Hanfsamen, Leinsamen, Flohsamenschalen, Kürbiskerne, Sesamsamen und Sonnenblumenkerne sind perfekt für Smoothie Bowls geeignet. Chia-, Flohsamenschalen und Leinsamen bilden außerdem ein Gelee, das eine etwas festere Konsistenz ergibt.

CHIA-SAMEN. Sie sind reich an Omega-3-Fettsäuren, Alpha-Linolensäure, Ballaststoffen und Proteinen. 2 Esslöffel Chia-Samen enthalten mehr Omega 3 als ein ganzes Lachsfilet. Daneben sind sie reich an Mineralstoffen wie Phosphor, Kalzium und Kalium. Chia-Samen verleihen Flüssigkeiten eine geleeartige Konsistenz. Die empfohlene Tagesdosis beträgt 2 Esslöffel. Kaufen Sie möglichst Bio-Samen.

HANFSAMEN. Hanfsamen bestehen zu 25 Prozent aus Protein. Sie enthalten hohe Mengen an mehrfach ungesättigten Fetten, wie Omega 3 und Omega 6 sowie lebenswichtige Aminosäuren, daneben sind sie reich an Kalzium, Magnesium, Phosphor, Schwefel, Karotin, Eisen, Zink und den Vitaminen C, E, B1, B2, B3 und B6. Man bekommt Hanf als geschälte und ungeschälte Samen sowie als Proteinpulver – sehr nützlich für Veganer!

HASELNÜSSE. Sie enthalten viel Vitamin E, Protein und Fette.

KÜRBISSAMEN. Enthalten unter anderem Zink und Antioxidantien, viel Protein und mehrfach ungesättigte Fettsäuren. Kürbiskerne wirken entzündungshemmend und stärken das Immunsystem.

LEINSAMEN. Leinsamen enthalten unter anderem Vitamin B und Mineralstoffe wie Eisen, Phosphor, Kalium, Kalzium, Zink und Magnesium. Sie bilden im Magen eine gallertartige Masse, die die Nährstoffverbrennung unterstützt. Man bekommt die Samen ganz oder geschrotet. Besonders bei geschroteten Leinsamen sollte man die Tageshöchstdosis von 2 Esslöffeln nicht überschreiten.

MANDELN. Mandeln sind besonders gut nach dem Sport, denn sie geben dem Körper Energie und unterstützen den Muskelaufbau. Mandeln enthalten einfach ungesättigte Fettsäuren sowie Protein und Vitamin E. Mandelbutter ist besonders gut als Smoothie-Zutat geeignet. Man bekommt sie in gut sortierten Naturkostläden.

PARANÜSSE. Sie enthalten vor allem viel Protein, sowie Selen und Zink. Paranüsse bestehen zu 70 Prozent aus Fetten, zum großen Teil Omega 6 und ein kleinerer Anteil Omega 3 sowie Vitamin E. Verwenden Sie nur Paranüsse, die innen weiß sind; bei gelblichen Nüssen hat sich das Fett bereits verhärtet.

PEKANNÜSSE. Die Frucht des Pekannussbaums aus der Familie der Hickorygewächse besteht zu 72 Prozent aus Fett, 63 Prozent davon ungesättigt, und enthält große Mengen an Antioxidantien. Viele Nährstoffe sitzen in der braunen Innenschale.

PINIENKERNE. Sie enthalten viel Zink, Eisen, Protein und mehrfach ungesättigte Fettsäuren.

PISTAZIEN. Die sehr fett- und proteinreichen Kerne gehören nicht zu den Nüssen und werden daher auch oft von Nussallergikern gut vertragen. Zuweilen ist die Schale rot gefärbt, um Flecken zu verbergen – kaufen Sie daher nur ungefärbte Pistazien.

PSYLLIUM-SAMEN/FLOHSAMEN. Die sehr ballaststoffreichen Samen bilden bei Kontakt mit Flüssigkeiten eine gallertartige Masse, die das Zehnfache des Ausgangsvolumens betragen kann. Daher wirken Sie sehr sättigend, ohne dabei dem Körper gleichzeitig viele Kalorien zuzuführen. Das Gelee fördert außerdem die Verdauung, indem es den Transport der Nahrung in den Darm erleichtert. Nach Forschungsergebnissen kann der Genuss von Psyllium den Blutzucker- und Cholesterinspiegel regulieren. Vorsicht beim Verzehr: immer mit reichlich Flüssigkeit, damit die Samen nicht im Hals haften bleiben! Empfohlene Tagesdosis: 1–2 Esslöffel.

SESAM. Sesam enthält 50 Prozent Fett, das fast ausschließlich aus ungesättigten Fettsäuren besteht. Der Proteingehalt beträgt 18 Prozent. Gemahlener Sesam ist eine leckere Smoothie-Zutat. Es gibt ihn im Naturkostladen.

SONNENBLUMENKERNE. Die Samen sind reich an Vitamin E und enthalten Omega 6 sowie einfach ungesättigte Fettsäuren und das stresslösende Vitamin B5.

WALNÜSSE. Ein gesundes und durch den hohen Anteil an Omega-3-Fettsäuren besonders für Vegetarier sehr nützliches Nahrungsmittel.

Öle & Fette

NÜTZLICHE ÖLE. Damit Öle wirklich gute Nährstofflieferanten sind, müssen sie kaltgepresst (manchmal als *extra virgin*, *raw* oder *roh* bezeichnet) und ökologisch sein. Kokos-, Mandel- und Nussöl, Hanfsamenöl, Avocadoöl, Leinsamenöl, Chia-Samenöl, Rapsöl, Olivenöl und viele andere Sorten sind im Supermarkt und im Bio-Laden erhältlich. Öl wird relativ schnell ranzig, wählen Sie also besser kleinere Flaschen. Leinsamenöl und Hanfsamenöl müssen im Kühlschrank aufbewahrt werden, andere Öle lagert man am besten an einem kühlen und dunklen Ort. Fragen Sie im Naturkostladen nach weiteren Informationen.

FLACHSÖL. Wird aus kalt gepressten Leinsamen hergestellt und enthält je nach Hersteller 50–65 Prozent Omega-3. Ansonsten besteht es unter anderem aus Omega-6, Omega-9 und Vitamin E. Das Öl sollte ökologisch und kalt gepresst sein. Täglich empfohlene Dosis: 1–2 Teelöffel. Geöffnete Flasche im Kühlschrank aufbewahren und innerhalb von 4 Wochen verbrauchen. In Reformkost- und Bioläden erhältlich.

HANFSAMENÖL. Kalt gepresstes Hanfsamenöl enthält einen extrem hohen Anteil an mehrfach ungesättigten Fettsäuren, sowie die Fettsäuren Omega 3, 6 und (sonst vor allem die in Fisch vorkommende) Omega 9. Es ist reich an Proteinen und daher ein ausgezeichnetes Lebensmittel für Vegetarier und Veganer. Offene Flaschen im Kühlschrank aufbewahren und innerhalb von vier Wochen verbrauchen. Möglichst Bio-Öl aus dem Naturkostladen verwenden.

KOKOSÖL. Eines der gesündesten Öle der Welt. Es wird bei Zimmertemperatur fest, doch verflüssigt sich bereits bei ca. 24 °C. Es besteht etwa zur Hälfte aus Laurinsäure, die im Körper zu der Virus-, Bakterien- und Pilzwachstum vorbeugenden Monolaurinsäure umgewandelt wird. Kokosöl ist sowohl zum Kochen, für Smoothies und Nachspeisen und sogar zur Körperpflege geeignet. Halten Sie im Naturkostladen oder in gut sortierten Supermärkten Ausschau nach „100 Prozent Kokosöl" – es soll kalt gepresst, ungebleicht, unraffiniert und duftmittelfrei sowie aus biologischem Anbau sein. Kühl und dunkel lagern.

LEINSAMENÖL. Kalt gepresstes Leinsamenöl besteht je nach Fabrikat zu 50–65 Prozent aus Omega-3-Fettsäuren. Daneben enthält es Omega 6, 9 sowie Vitamin E. Die empfohlene Tagesdosis beträgt 1–2 Teelöffel. Offene Flaschen im Kühlschrank aufbewahren und innerhalb von vier Wochen verbrauchen. Am besten ist natürlich Bio-Öl aus dem Naturkostladen.

NUSS- UND SAMENBUTTER. Rohe, vorzugsweise Bio-Nussbutter, ist eine gute Energiequelle und reich an Mineralien und Proteinen. Butter aus gerösteten Nüssen ist nicht so reichhaltig, daher lieber rohe Nüsse wählen. Mandel-, Haselnuss-, Cashew-, Erdnuss-, Walnuss-, Pistazien-, Sesambutter und viele andere sind in Bioläden oder gut aufgestellten Supermärkten erhältlich.

Eine gute Nussbutter sollte biologisch angebaut worden sein und besteht aus mindestens 99 % Nüssen. Sie sollte nichts anderes, außer ein wenig Meersalz enthalten. Für Smoothies eignet sich ungesalzene Nussbutter am besten.

Es gibt verschiedene Nussbuttersorten, aus denen man auswählen kann. Leider beinhalten einige von ihnen Palmöl oder Zucker – Finger weg! Die Butter direkt mit dem Smoothie vermischen oder vorher mit Wasser vermengen, um Nussmilch herzustellen. Nussbutter ist einfach herzustellen und kann mit rohem Kakao, Zimt, Vanille oder anderen leckeren Zutaten verfeinert werden.

Kräuter & Gewürze

INGWER. Ingwer enthält immunstärkende Antioxidantien sowie Kalium, Magnesium, Phosphor, Kupfer, Mangan, Zink, Vitamin C, E und B6. Frische Ingwerwurzeln sollen prall und knackig sein. Ingwer ist ein altes Hausmittel gegen Reisekrankheit und soll auch den Blutzuckerspiegel regulieren und entzündungshemmend wirken, was sich bei verschiedenen Arten von Gliederschmerzen lindernd auswirkt. Er kurbelt den Stoffwechsel an und kann daher unterstützend zur Gewichtsabnahme eingesetzt werden. Frischer, ungeschälter Ingwer sollte in einem Beutel oder einer Plastikdose im Gemüsefach des Kühlschranks aufbewahrt werden. Er hält sich dort etwa drei Monate. Man kann ihn jedoch auch sofort einfrieren und noch gefroren reiben.

KAKAOPULVER. Kakaobohnen enthalten über 300 Nährstoffe, darunter viele Antioxidantien, Magnesium, Eisen, Chrom, Vitamin C und setzen Endorphine (Glückshormone) frei. Die Kakaobutter wird aus den kalt (d. h. bei höchstens 40 °C) gepressten Bohnen gewonnen. Die getrockneten Rückstände werden dann zu Kakaopulver gemahlen. Das Pulver lässt sich leicht unter die Nahrung mischen und wird vom Körper schnell aufgenommen. Kakaopulver sollte nicht mit kommerziellen Kakaogetränkepulvern verwechselt werden. Rohkakao aus Bio-Anbau besteht zu 100 Prozent aus ungesüßten, gemahlenen Kakaobohnen und wurde bei der Herstellung keinen hohen Temperaturen ausgesetzt, bei der viele Nährstoffe verloren gehen. Kühl und dunkel lagern. Ungeöffnete Packungen sind bis zu zwei Jahre haltbar.

KARDAMOM. Reich an Antioxidantien, die das Immunsystem stärken. Kardamom fördert den Stoffwechsel und wirkt beruhigend, entwässernd und blutdrucksenkend.

KRÄUTER, FRISCHE. Vertrauen Sie beim Kräuterkauf Ihrer Nase. Ein Esslöffel frisch gehackter Kräuter entspricht etwa einem Teelöffel getrockneter Kräuter. Topfpflanzen sollte man sofort umpflanzen und anschließend reichlich gießen, dann gedeihen sie besser. Geschnittene Kräuter in einem Plastikbeutel im Kühlschrank aufbewahren. Nur so viele Kräuter waschen, wie Sie verwenden wollen, da sonst die Haltbarkeit beeinträchtigt wird. Tiefgekühlte Kräuter halten sich ungefähr ein Jahr.

KURKUMA. Enthält viele Antioxidantien, wirkt entzündungshemmend und schützt vor freien Radikalen. Es soll außerdem gut gegen Arterienverkalkung, Alzheimer, Erkrankungen der Bauchspeicheldrüse sowie Leber und Lunge schützen. Kurkuma bezeichnet sowohl eine Art innerhalb der Familie der Ingwergewächse als auch das fertige Gewürzpulver, das aus dem gekochten und getrockneten Rhizom hergestellt wird. Der leicht bittere Geschmack erinnert ein wenig an Ingwer. Kurkuma gibt indischen Currygerichten die gelbe Farbe und wird daher oft als preiswerte Alternative zu Safran gehandelt. Geschlossene Verpackungen trocken und dunkel lagern. Geöffnete Packungen schnell verbrauchen.

LAKRITZE. Sie enthält natürliche Süßstoffe und braucht daher keinen Zuckerzusatz. Man soll sie jedoch in Maßen genießen, denn ein Zuviel kann sich negativ auf den Salzhaushalt auswirken und den Blutdruck in die Höhe treiben sowie Ödeme, Gewichtszunahme und Kopfschmerzen nach sich ziehen.

SAFRAN. Safran gibt es als Pulver, flüssiges Konzentrat oder im Naturzustand als Fäden (Blütenstempel). Am besten ist es, Fäden zu kaufen, dann wissen Sie, dass Sie echten Safran vor sich haben. Die Fäden vor dem Verarbeiten im Mörser zerstoßen. Safran ist in größeren Mengen giftig, die empfohlene Tageshöchstdosis beträgt 1,5 Gramm.

VANILLE. Ein beliebter Geschmackszusatz, der wunderbar zu Smoothies passt! Echtes Vanillepulver wird aus getrockneten Schoten der Vanille-Orchidee gewonnen, die vor allem auf Madagaskar gedeiht. Bio-Vanille ist natürlich am besten. Alternativ kann man auch Vanillezucker oder Vanille-Extrakt verwenden.

ZIMT. Die Rinde des Zimtbaums enthält viele Antioxidantien; 2 Gramm Zimt enthalten etwa so viele wie 1 Kilogramm frische Tomaten. Das „Supergewürz" reguliert die Darmflora und den Blutzuckerspiegel und soll vor Typ-2-Diabetes sowie Herz- und Gefäßkrankheiten schützen.

Süßungsmittel

Ich verwende in meinen Smoothies nur natürliche Süßstoffe wie Kokoszucker, Agavensirup, Stevia, Lucuma-Pulver, Mesquite-Pulver, Datteln, Backobst und süße Früchte. Da ich selbst auf alle künstlichen Süßstoffe sowie raffinierten Zucker verzichte, kann ich diese auch nicht guten Gewissens empfehlen.

Ballaststoffe

Flohsamen und Hülsenfrüchte, Leinsamen, Chia-Samen.

Superfoods & Superbeeren

Es gibt viele nährstoffreiche Zutaten, mit denen ein Smoothie angereichert werden kann. Es ist einfach den Nährstoffinhalt und das Rezept um das zu ergänzen, was der Körper braucht. Die meisten Zutaten können in Bioläden gekauft werden oder auch in gut sortierten Supermärkten.

Superfoods und Beeren

Baobab, Bienenpollen (nicht für Veganer geeignet), Buchweizen (gekeimt), Brennnessel, Camu-Camu, Carob, Cayennepfeffer, Chia-Samen, Chlorella, Goji-Beeren, Kurkuma, Hanfsamen, Inka-Beeren, Ingwer, Kakaonibs und roher Kakao, Kakaobutter, Zimt, Kokos (ungesüßt, gerieben), Kokosblütenzucker, Gerstengras, Lucuma, Maca, Möhrenpulver, Maulbeeren, Rote-Bete-Pulver, Spirulina, Vanillepulver, vegane Proteine, Weizengras.

SUPERBEEREN UND FRUCHTPULVER. Wenn man keine frischen Beeren oder Früchte bekommen kann, sind Pulver eine gute Alternative. Beerenpulver wird meist aus ganzen, gefriergetrockneten Beeren hergestellt und mit Fruchtfleisch, Schale und Samen gemahlen. Wie immer empfehle ich auch hier unbehandelte Bioprodukte. Vorsicht bei gesüßtem Beerenpulver! Beerenpulver ist sehr praktisch, da es bis zu 18 Monate haltbar ist. Die meisten Pulver können außerdem gut eingefroren werden, will man sie länger aufbewahren. Es sind viele Sorten im Angebot, u. a. Açai, Acerola, Apfelbeeren, Brombeeren, Blaubeeren, Erdbeeren, Goji-Beeren, Granatapfel, Guaraná, Hagebutte, Himbeeren, Inka-Beeren, Lucuma, Mango, Maqui, Maulbeeren, Moosbeeren, Moringa, Multbeeren, Passionsfrucht, Preiselbeeren, schwarze Johannisbeeren, Sauerkirsche etc.

Man kann das Pulver direkt zum Smoothie oder Fruchtsaft hinzufügen. Hierbei aufpassen, denn der Geschmack von Beerenpulver ist stark konzentriert. Es gibt viele veschiedene Sorten im Bioladen. Immer die biologische Variante wählen, wenn möglich.

AÇAI-BEEREN. Die „Superbeere" aus Südamerikas Regenwäldern ist äußerst reich an Antioxidantien, Vitaminen und essenziellen Fettsäuren. Sie enthält außerdem viel Vitamin B, C, Mineralien, Ballaststoffe und Protein. Da die Beeren schnell verderben, kommen sie meist als pasteurisierter Saft in den Handel. Dadurch gehen allerdings viele Nährstoffe verloren – gefriergetrocknete Beeren sind daher die bessere Alternative. Man bekommt sie in gut sortierten Naturkostläden.

BIENENPOLLEN. Pollen oder auch Blütenpollengranulat sind eine fantastische Nahrungsergänzung, die einfach vollgepackt ist mit guten Dingen. Der Pollen enthält nämlich so ziemlich alles, was der Körper braucht, um gesund und leistungsfähig zu bleiben. Er enthält ungefähr 200 bioaktive Nährstoffe, und das in einer wesentlich stärkeren Konzentration als in Obst und Gemüse. Unter anderem enthält Pollen 22 verschiedene Aminosäuren, Antioxidantien wie zum Beispiel Bioflavonoide und Polyphenole, 27 Mineralstoffe und 16 Vitamine. Pollen stärkt das Immunsystem, verbessert die Konzentration und das Gedächtnis, fördert die Sexualleistung und die

Fruchtbarkeit, zügelt den Appetit, bringt den Stoffwechsel auf Trab und steigert die Energie. Die Pollenkörner sind oft unterschiedlich in der Farbe, je nachdem welche Art von Blüten die Bienen angeflogen haben. Auch die Jahreszeit oder die Beschaffenheit der Landschaft kann den Geschmack des Pollens beeinflussen.

BRENNNESSEL. Enthält viel Chlorophyll sowie Vitamin A, Betacarotin, Kalzium, Kalium, Magnesium, Eisen, Kieselsäure, Mangan, Flavonoide, Vitamin C, B und K sowie Folsäure. Getrocknete oder gekochte Brennnessel „brennt" übrigens nicht mehr. Junge Triebe trocknen oder blanchieren und einfrieren. Man bekommt Brennnessel auch in Pulverform im Naturkostladen. Dunkel gelagert halten sich ungeöffnete Verpackungen zwei Jahre.

CAMU-CAMU. Eine der an Vitamin C reichsten Beeren überhaupt – sie enthalten 60-mal mehr Vitamin C als Orangen! Daneben sind sie reich an den B-Vitaminen Niacin, Tiamin und Riboflavin sowie den Mineralstoffen Eisen, Phosphor, Kalium und Kalzium. Sie bekämpfen freie Radikale und sollen unter anderem Krebs, Diabetes und vorzeitigem Altern vorbeugen. Pulver aus dem Bioladen besteht aus Beeren, die mitsamt Kernen gefriergetrocknet und bei niedrigen Temperaturen schonend gemahlen wurden. Die empfohlene Tagesdosis beträgt 1½ Teelöffel Camu-Camu.

GERSTENGRAS. Gerstengras ist voller Vitamine, Mineralstoffe, Aminosäuren, Antioxidantien, Ballaststoffe und Chlorophyll. Es enthält 11-mal mehr Kalzium und 30-mal mehr Vitamin B1 als Kuhmilch, 5-mal mehr Eisen als Spinat, 7-mal mehr Vitamin C als Orangen und 25-mal mehr Kalium als Bananen. Daneben enthält es auch viel Vitamin B12 und 18 Aminosäuren. Auf nüchternen Magen im Lieblings-Smoothie getrunken, kurbelt es den Stoffwechsel an. Ungeöffnete Verpackungen sollten dunkel, kühl und trocken gelagert und vor direktem Sonnenlicht geschützt werden. Ein Teelöffel entspricht der empfohlenen Tagesdosis. Das Pulver gibt es in gut sortierten Naturkostläden zu kaufen.

GOJI-BEEREN. Diese Superbeeren schmecken wie eine Mischung aus Preiselbeeren und Rosinen und schützen das Immunsystem durch 18 Aminosäuren, davon 7 lebensnotwendige. Sie enthalten wichtige Mineralstoffe wie Eisen, Kalzium, Zink, Selen, Kupfer, Kalzium, Germanium und Phosphor und die Vitamine B1, B2, B6 und E. Die empfohlene Tagesdosis beträgt 20–30 ganze Beeren (ungefähr eine Handvoll) bzw. 1 Teelöffel Beerenpulver. Ungeöffnete Verpackungen sollten dunkel, kühl und trocken gelagert und vor direktem Sonnenlicht geschützt werden. Geöffnete Verpackungen innerhalb von zwei Monaten verbrauchen.

HAGEBUTTEN. Hagebuttenpulver wird aus ganzen Früchten mitsamt Kernen gewonnen. Sie enthalten 60-mal mehr Vitamin C als Zitrusfrüchte und sind reich an Antioxidantien und lebenswichtigen Mineralstoffen wie Eisen, Kalzium, Kalium und Magnesium. Ein Esslöffel Hagebuttenpulver entspricht etwa einer Frucht. Die empfohlene Tagesdosis beträgt 1–3 Esslöffel in kaltem Wasser aufgelöst oder ins Essen gemischt. Das Pulver darf nicht über 40 °C erhitzt werden, da sonst die Antioxidantien verloren gehen. Im Gegensatz zu handelsüblichem Hagebuttenpulver enthält Bio-Pulver auch die nährstoffreiche Fruchthaut, jedoch weder Zucker noch Zusatzstoffe. Luftdicht, kühl und trocken gelagert etwa zwei Jahre haltbar. Hagebuttenpulver wirkt blutverdünnend – fragen Sie daher Ihren Arzt, wenn Sie blutverdünnende Medikamente nehmen.

INKA-BEEREN. Sie sind mit Kapstachelbeeren verwandt und bestehen bis zu 16 Prozent aus Protein. Sie sind reich an Bioflavonoiden sowie Phosphor, Vitamin A, C, B1, B2, B6 und B12, Carotinoiden und dem verdauungsfördernden und cholesterinsenkenden Pektin. Das Pulver gibt es in gut sortierten Naturkostläden.

KAKAO-NIBS, „RAW". Unbehandelte, leicht angeröstete und zerstoßene Kakaobohnen enthalten über 200 Nährstoffe, darunter viele Antioxidantien, Magnesium, Eisen, Chrom und Vitamin C sowie das „Glückshormon" Serotonin. Der Zusatz „raw" bedeutet, dass die Bohnen bei Temperaturen unter 40 °C schonend getrocknet wurden. Sie enthalten weder Milchprodukte, Zucker oder andere Zusatzstoffe. Luftdicht, kühl und trocken gelagert etwa ein Jahr haltbar.

LUCUMA-PULVER. Die nährstoffreiche Frucht schmeckt ein wenig nach Sahnebonbon und ist reich an Antioxidantien, Vitamin C und B sowie Mineralstoffen, vor allem Betacarotin, Kalzium, Phosphor und Eisen. Lucuma-Pulver gibt es in gut sortierten Naturkostläden.

MACA-PULVER. Enthält große Mengen von Aminosäuren, Kohlehydraten und Mineralstoffen wie Kalzium, Zink, Magnesium und Eisen sowie die Vitamine B1, B2, B12, C und E. Vorsicht bei der Dosierung: Der an Meerrettich erinnernde Geschmack kann leicht überhand nehmen. Es empfiehlt sich, Maca-Pulver mit anderen intensiven Geschmacksrichtungen zu mischen. Das Pulver gibt es in gut sortierten Naturkostläden.

MACQUI-BEEREN. Sie enthalten 4-mal so viele Antioxidantien wie Blaubeeren und doppelt so viele wie Açaí-Beeren und sind daher ein wirksamer Schutz gegen freie Radikale und vorzeitiges Altern. Daneben sind sie reich an Flavonoiden, Polyphenolen, Vitamin A, C und E sowie den Mineralstoffen Kalium, Kalzium und Eisen. Das Beerenpulver gibt es in gut sortierten Naturkostläden.

MAULBEEREN. Sie sind reich an Vitamin C, K, Eisen und Kalzium und enthalten das blutverdünnende Antioxidant Reservatrol. Beerenpulver gibt es in gut sortierten Supermärkten und Naturkostläden. Die empfohlene Tagesdosis beträgt 20–30 Gramm.

WEIZENGRAS. Praktisch ein Universalnahrungsmittel mit 20 Aminosäuren, mehreren hundert Enzymen, 90 Mineralstoffen und vielen Vitaminen. Rund 70 Prozent der Gesamtmasse von Weizengras bestehen aus Chlorophyll, dem Grundstoff der Photosynthese bei Pflanzen und sehr gesund für Menschen. Auf nüchternen Magen im Lieblings-Smoothie getrunken, kurbelt es den Stoffwechsel an. Ungeöffnete Verpackungen sollten dunkel, kühl und trocken gelagert und vor direktem Sonnenlicht geschützt werden. Ein Teelöffel entspricht der empfohlenen Tagesdosis. Das Pulver gibt es in gut sortierten Naturkostläden.

Algen

Algen sind eine ausgezeichnete Proteinquelle. Der Körper nimmt aus der Blaualge Spirulina viermal mehr Proteine auf als aus Fleisch. Sie wird darum oft als Antwort auf den Welthunger betrachtet. Sie enthält so viele Nährstoffe, dass die NASA sie ihren Astronauten als Nahrung mitgibt. Andere nützliche Algen sind Chlorella, Arame, Wakame und Dulse.

CHLORELLA. Die einzellige Grünalge gedeiht schon seit hunderten von Millionen Jahren auf der Erde. Sie besteht zu fast 60 Prozent aus Proteinen und enthält eine große Menge wichtiger Aminosäuren sowie Vitamin A, C, B und E und die Mineralstoffe Eisen, Kalzium und Magnesium. Sie ist außerdem reich an Chlorophyll, welches das Immunsystem stärkt und die Blutreinigung fördert. Chlorella reinigt den Körper zudem von Schwermetallen und anderen Giften, unterstützt die Verdauung und reguliert den pH-Wert des Körpers.

SPIRULINA. Wie schon erwähnt, ist Spirulina extrem nährstoffreich, da sie neben dem hohen Prozentsatz an Proteinen auch wichtige Mineralstoffe, Vitamine, Fettsäuren und Antioxidantien enthält. Sie stärkt das Immunsystem, hemmt das Wachstum von Viren und Bakterien, soll vor Krebs schützen, fördert das Gedächtnis und das Lernvermögen und wirkt vorbeugend und lindernd bei Heuschnupfen. Die empfohlene Tagesdosis beträgt 1 Teelöffel. Kühl und trocken aufbewahren.

Proteinpulver

Die gängigsten Vitaminpulver sind Mischungen verschiedener Proteintypen, es gibt jedoch auch Proteinpulver, die nur aus einer Pflanze bestehen, z. B. Hanf, Erbsen, Rohreis, Kürbis und Algen. Zur optimalen Balance empfehle ich den Wechsel zwischen verschiedenen Proteinpulvern.

Vollwertige Proteine von hoher Qualität sind für Aufbau und Funktion des Körpers äußerst wichtig. Sie führen dem Körper die Komponenten zu, die zur Bildung neuer, gesunder und starker Zellen erforderlich sind. Zur Auswahl stehen viele vegane Varianten. Wichtig ist, dass ein Proteinpulver ökologisch, unbehandelt und frei ist von Füllmitteln, Transfetten, Isolaten, synthetischen Stoffen, künstlichen Süßmitteln, Konservierungsmitteln und genmodifizierten Pflanzen. Die Zutatenliste sollte so kurz wie möglich sein.

HANFPROTEIN. Wird aus geschälten, gemahlenen Hanfsamen gewonnen. Es enthält 50 bis 55 Prozent vollwertiges Protein und wird oft als perfektes Naturprotein bezeichnet, da es alle 20 Aminosäuren enthält, davon zehn essenzielle – einzigartig unter den pflanzlichen Proteinen. Es ist reich an nützlichen Ballaststoffen und den Omega-Fettsäuren 3, 6 und 9, im Geschmack mild und neutral. Hanfprotein darf nicht mit Hanfmehl verwechselt werden, das aus ungeschälten Samen gemahlen wird und viele Schalenreste enthält.

ERBSENPROTEIN. Wird aus gelben Erbsen gewonnen. Es enthält etwa 80 Prozent vollwertiges Protein.

ROHREISPROTEIN. Wird aus gekeimtem, braunem Reis gewonnen. Es enthält 80 bis 85 Prozent vollwertiges Protein.

HAFERPROTEIN. Wird aus Hafer gewonnen. Es enthält neben 50 bis 55 Prozent vollwertigem Protein auch Haferöl und Hafer-Maltodextrin, beides natürliche Bestandteile des Hafers. Der Geschmack ist neutral und mild.

SOJAPROTEIN. Natürliches Sojaprotein mit hochwertigem Protein wird aus Sojabohnen gewonnen. Es enthält 60 bis 70 Prozent vollwertiges Protein. Sojaprotein stand vielfach in der Kritik, da es häufig mit Hexan behandelt wurde, einem starken, benzinähnlichen Lösungsmittel.

KÜRBISPROTEIN. Selten, jetzt aber immer häufiger erhältlich. Wird aus gemahlenen, geschälten Kürbiskernen gewonnen. Es enthält etwa 60 Prozent vollwertiges Protein.

ALGEN. Spirulina und Chlorella sind die üblichsten Algen, es gibt jedoch auch Arame, Wakame und Dulse. Alle enthalten viele Nährstoffe, Vitamine, Mineralien und abhängig von der Sorte bis zu 70 Prozent Protein. Der Nachteil der Algen ist ihr starker Geschmack. Außerdem färben sie alles dunkelgrün.

PROTEINMISCHUNGEN
Proteinmischungen enthalten häufig mehr als eine Proteinsorte, z. B. Rohreis, Hafer, Erbsen, Hanf, Amaranth, Quinoa, Hirse, Buchweizen, Garbanzo-Bohnen, Linsen, Adzuki-Bohnen, Leinsamen, Sonnenblumenkerne, Kürbiskerne, Chia-Samen oder Sesamsamen. Wenn Sie sich für eine aromatisierte Mischung entscheiden, wählen Sie eine mit natürlichem Aroma, z. B. mit Kakao oder Vanille. Studieren Sie die Zutatenliste sorgfältig, unerwünschte Ingredienzen sind bei einer Mischung üblicher als bei Pulver aus nur einer Pflanze. Häufig ist Stevia als Süßungsmittel enthalten. Vermeiden Sie künstliche Zuckerarten.

Nuss-, Samen- & Hafermilch herstellen

Die Herstellung eigener Nussmilch ist ganz einfach. Sie ist eine gesunde Alternative zu normaler Milch und ein ausgezeichneter Ersatz bei Laktoseintoleranz oder veganer Ernährung.

Milch kann aus verschiedenen Nüssen und Samen hergestellt werden, z. B. Hanfsamen, Cashewkernen, Haselnüssen, Kürbiskernen, Pekannüssen, Pistazien, Walnüssen, Sonnenblumenkernen oder Mandeln. Nehmen Sie ungesalzene, ungeröstete, ökologisch angebaute Nüsse und Samen – sie schmecken besser, enthalten die meisten Nährstoffe und sind frei von Spritzmitteln und sonstigen unerwünschten Zusatzstoffen.

Die Nüsse einweichen und über Nacht kühl stellen, damit schwer verdauliche Enzyme verschwinden und der Geschmack milder wird. Haselnüsse müssen nicht eingeweicht werden, da sie keine Enzymhemmer enthalten. Auch Kokosflocken und geschälte Hanfsamen können direkt gemixt werden. Das Wasser abschütten und die Nüsse gut abspülen. Frisches Wasser zugeben und mixen, bis die Nüsse in der Flüssigkeit fein verteilt sind. Die Milch in einen Nussmilchbeutel oder ein feinmaschiges Sieb geben (geschälte Hanfsamen müssen nicht gefiltert werden) und so viel Flüssigkeit wie möglich auspressen. Mit echter Vanille, Zimt, Kardamom oder Raw Kakao würzen und nach Geschmack mit Feigen, Aprikosen, Medjool-Datteln, Kokosblütenzucker, Bio-Agavensirup, Ahornsirup oder Biohonig süßen.

Die Milch in einer Glasflasche oder im Schraubglas aufbewahren, dann hält sie länger als in Plastikflaschen, im Kühlschrank ca. 3–5 Tage. Nussmilch kann ausgezeichnet in Eiswürfelformen eingefroren werden. Die restliche Nussmasse kann für Nusskugeln, Granola, Müsli oder zum Brotbacken verwendet oder in Grütze gemengt werden. Außerdem kann sie zur späteren Verwendung gut eingefroren werden.

Ich besitze einen *FoodSaver*, einen Vakuumierer mit vielen pfiffigen Behältern und Flaschenverschlüssen als Zubehör. Er entfernt die gesamte Luft, sodass sich die Haltbarkeit von Nussmilch etwas verlängert.

MANDEL-, NUSS- und SAMENMILCH
140 g eingeweichte Nüsse, Samen oder Mandeln + 1 Liter Wasser + 1 Prise Himalayasalz

HAFERMILCH
90 g eingeweichte Bio-Haferflocken + 1 Liter Wasser + 1 Prise Himalayasalz

SESAMMILCH
130 g eingeweichte Sesamsamen
+ 1 Liter Wasser
+ 1 Prise Himalayasalz

SOJAMILCH
175 g eingeweichte Sojabohnen
+ 1 Liter Wasser
+ 1 Prise Himalayasalz

KOKOSMILCH
90 g geriebener Rohkokos
+ 1 Liter Wasser
+ 1 Prise Himalayasalz

HANFSAMENMILCH
220 g geschälte Hanfsamen
+ 1 Liter Wasser
+ 1 Prise Himalayasalz

Kräuter & Kräutertee

„Eure Nahrungsmittel sollten Heilmittel – und eure Heilmittel sollten Nahrungsmittel sein."
Hippokrates (ca. 460–370 v. Chr.)

Kräuter sind die ältesten Arzneimittel der Welt. Schon vor 2000 Jahren benannte Hippokrates, der Vater der Heilkunst, mehr als zweitausend Heilkräuter in seinen Büchern. Hierzulande waren es meist Mönche aus anderen Ländern, die ihr Wissen über Kräuter zur Unterstützung der eigenen Körperressourcen bei der Überwindung von Krankheiten mitbrachten. Von den Mönchen lernte die Allgemeinheit die Anwendung dieser Naturheilmittel bei vielen Erkrankungen. Ich kann mich gut erinnern, als meine Großmutter mit mir Unmengen an Kräutern pflückte, im Wald, auf Wiesen und im Garten. Diese trockneten wir dann für den Winter. Kamille, Brennnessel, Pfefferminze, Ringelblume, Lavendel, Lindenblüten, Hagebutte und Schafgarbe waren meist dabei. Großmutter hatte ein Kraut gegen jedes Leiden – nie wollte sie Medikamente nehmen, sondern war von der Heilkraft der Kräuter überzeugt.

Kräutertee wird aus verschiedenen, getrockneten Kräutern (Blüten, Zweige, Samen und Wurzeln), Gewürzen, Beeren oder Früchten gekocht. Er enthält nur selten Koffein bzw. Tein. Die Tees können mit Zitronenschale, Beeren, Obststücken, Gewürzen und anderen natürlichen Aromen versetzt werden. Kräutertee enthält einen kleinen Anteil „normaler" Teeblätter, damit er aber als Kräutertee gilt, muss der Großteil aus Kräutern bestehen – wie der Name schon sagt. Lesen Sie immer die Zutatenliste, wenn Sie sicher sein möchten, dass Sie „reinen" Kräutertee kaufen. Nehmen Sie möglichst ökologisch angebauten. Es gibt viele Fertigmischungen, ich liebe es, zu variieren und probiere alles, was ich finde. Ayurvedische Mischtees sind ausgezeichnet und tun gut!

Kräutertee sollte variiert und in gewissen Maßen getrunken werden, damit keine unerwünschten Nebenwirkungen auftreten. Es gibt keine Regeln dafür, welche Kräuter enthalten sein sollten. Das Lebensmittelgesetz wacht jedoch darüber, dass der Inhalt nicht gesundheitsschädlich ist. Es ist aber gut zu wissen, dass man bei bestimmten Kräutern oder in Verbindung mit einer Kur 1–3 Wochen auf den Tee verzichetn sollte. Das gilt zum Beispiel für Brennnessel, Schafgarbe und Löwenzahn. Einige Kräuter haben eine starke Wirkung auf den Menschen. Deshalb sollte bei gleichzeitiger Einnahme von Medikamenten oder in der Schwangerschaft vorher ein Arzt konsultiert werden.

Wenn Sie Kräuter getrocknet oder frisch kaufen, besonders im Ausland, verwenden Sie am besten die lateinische Bezeichnung, da bestimmte regionale Namen zu Missverständnissen und Verwechslungen führen können, teils mit ernsten Folgen.

Ein Kräutertee, heiß oder kalt, ist eine ideale Basis für Smoothies. Zu meinen Favoriten zählen Kamille, Löwenzahn, Brennnessel und Hagebutte. Manchmal verwende ich auch weißen, grünen oder Jasmintee. Wenn Sie klassischen schwarzen Tee lieber mögen, geht auch das – er enthält jedoch Tein, das anregt und mit Koffein vergleichbar ist. Wenn Sie den Smoothie aufpeppen möchten, nehmen Sie statt Kräutertee gemahlenes Kräuterpulver (einfach mit der Kaffeemühle selbst mahlen), das der Körper als Nahrung aufnimmt.

Ernten & trocknen

Am besten an einem sonnigen Tag pflücken, dann sind die aktiven Stoffe der Pflanzen am intensivsten. Kräuter sollten vollständig trocken sein, nicht nach dem Regen ernten. Mindestens 100 Meter von Straßen und nicht von gespritzten Äckern ernten. Kräuter direkt in Papiertüten oder einen Korb pflücken, nicht in Plastikbeutel. Darin fangen sie an zu schwitzen und schimmeln leicht.

Zur maximalen Wirkung die Blätter am besten vor der Blüte ernten, Blüten zu Beginn der Blüte, Beeren und Obst, wenn sie reif sind. Wurzeln sollte man ausgraben, bevor die Pflanze im Frühjahr gewachsen ist oder im Herbst, wenn sie verwelkt ist.

Kräuter werden direkt nach der Ernte an einem trockenen, luftigen, warmen Platz getrocknet – aber nicht in der Sonne, weil diese wichtige Inhaltsstoffe abbaut.

Ich verwende einen Dörrautomaten für das Trocknen von Kräutern, Beeren, Obst, Gewürzen, Pilzen und anderen leckeren Zutaten. Das funktioniert aber auch mit einem Umluftbackofen bei 40 °C problemlos.

Gehen Sie kein Risiko ein: Lassen Sie ein Kraut in Zweifelsfällen lieber stehen.

Zubereitung

1–2 TL getrocknete Kräuter (oder die doppelte Menge frische) auf eine Tasse heißes Wasser. Abgedeckt 5–10 Minuten ziehen lassen, abhängig von der Größe der Blätter.

Kräuter für Kräutertees

Acker-Schachtelhalm (*Equisetum arvense*)
Anissamen (*Pimpinella anisum*)
Baldrianwurzel (*Radix valerianae*)
Basilikum, indisches (*Ocimum tenuiflorum*)
Birke (*Betula spp.*)
Brennnessel (*Urtica dioica*)
Brombeerblätter (*Rubus fruticosus*)
Chaga (*Inonotus obliquus*)
Eukalyptus, blauer (*Eucalyptus globulus*)
Fenchel (*Foeniculum vulgare*)
Ginkgo (*Ginkgo biloba*)
Ginseng (*Panax ginseng*)
Goldrute (*Solidago virgaurea*)
Hagebutte, Hundsrose (*Rosa canina*)
Hibiskus (*Hibiscus*)
Himbeerblätter (*Rubus idaeus*)
Holunder, schwarzer (*Sambucus nigra*)
Ingwer (*Zingiber officinale*)
Islandmoos (*Cetraria islandica*)
Johanniskraut (*Hypericum perforatum*)
Kamille (*Matricaria chamomilla*)
Kümmel (*Carum carvi*)
Kurkuma (*Curcuma longa*)
Lavendel (*Lavandula angustifolia*)
Linde (*Tilia cordata*)
Löwenzahn (*Taraxacum officinale*)
Matestrauch (*Ilex paraguariensis*)
Orangenblüten (*Citrus sinensis*)
Pfefferminze (*Mentha piperita*)
Purpur-Sonnenhut (*Echinacea purpurea*)
Ringelblume (*Calendula officinalis*)
Rooibos (*Aspalathus linearis*)
Rosmarin (*Rosmarinus officinalis*)
Salbei (*Salvia officinalis*)
Schafgarbe (*Achillea millefolium*)
Schillerporling, schiefer (*Inonotus obliquus*)
Süßholz (*Glycyrrhiza glabra*)
Thymian (*Thymus vulgaris*)
Weidenröschen, kleinblütiges (*Epilobium parviflorum*)
Zitronenmelisse (*Melissa officinalis*)
Zitronenverbene (*Lippia citriodora*)

Vitamine, Mineralien & Antioxidantien

Vitamine

Vitamine sind für den Menschen lebensnotwendig, allerdings nur in kleinen Mengen. Der Körper selbst kann keine Vitamine bilden, deshalb müssen wir sie dem Körper durch vielseitige Ernährung zuführen. Der Mensch benötigt 13 verschiedene Vitamine. Sie werden in fett- und wasserlösliche Vitamine eingeteilt. Der Überschuss an fettlöslichen Vitaminen wird im Körperfett gespeichert, während die wasserlöslichen mit dem Urin ausgeschieden werden. Da einige Vitamine bei veganer Ernährung nur schwer zuführbar sind, kann in diesem Fall eine Nahrungsergänzung erforderlich sein.

Fettlösliche Vitamine

Die Vitamine A, D, E und K sind fettlöslich und in vielen Lebensmitteln wie Öl, Milch und fettem Fisch vorhanden. Die menschliche Leber enthält umfangreiche Speicher an fettlöslichen Vitaminen: Vitamin D kann viele Monate und Vitamin A bis zu zwei Jahre gespeichert werden.

Da sich fettlösliche Vitamine nicht gut mit Wasser mischen, kann ein Überschuss nicht mit dem Urin ausgeschieden werden. Daher können diese Vitamine (A und D) überdosiert werden, was sich in Vergiftungssymptomen zeigt. Normalerweise ist es kaum möglich, solche Mengen mit der Nahrung aufzunehmen, zu großzügiger Umgang mit Nahrungsergänzungsmitteln kann jedoch Beschwerden verursachen. Es ist also begründet, die empfohlenen Tagesdosen zu befolgen, wenn man die Kost mit Vitamintabletten ergänzen möchte.

VITAMIN A. Für Sehkraft und Infektionsabwehr. Möhren enthalten beispielsweise Betacarotin, das der Körper in Vitamin A umwandeln kann.

VITAMIN D. Nötig für den gesunden Knochenbau. Der Körper kann selbst Vitamin D bilden, wenn er über die Haut ausreichend Sonnenlicht erhält. Ein Vitamin-D-Mangel hat seine Ursache oft nicht in der täglichen Ernährung, sondern im Mangel an Sonnenlicht, vielleicht aufgrund der Kleidung oder zu wenig Aufenthalt im Freien. Kinder unter zwei Jahren erhalten Vitamin-D-Tropfen.

VITAMIN E. Wird vom Körper vermutlich zur Abwehr freier Radikaler benötigt.

VITAMIN K. Wird für die Blutgerinnung im Verletzungsfall benötigt. Blattgemüse und Weißkohl sind unter anderem reich an Vitamin K.

Wasserlösliche Vitamine

Die B-Vitamine (B1, B2, B6 und B12), Pantothensäure (B5), Nicotinsäure (B3), Folsäure (B9), Biotin (B7) und Vitamin C sind wasserlösliche Vitamine. Die acht Vitamin-B-Typen und Vitamin C sind in vielen verschiedenen Lebensmitteln enthalten, denen gemeinsam ist, dass sie leicht beim Kochen vernichtet werden, da sie in das Kochwasser ausschwemmen.

Im Prinzip können wasserlösliche Vitamine im Körper nicht gespeichert werden. Versucht man, mit Vitamintabletten eine Reserve aufzubauen, verschwindet der Überschuss mit dem Urin. Deshalb muss man den Körper regelmäßig mit diesen Vitaminen versorgen. Mangelsymptome treten schnell auf, wenn der Körper einer unzureichenden Diät ausgesetzt wird. Vitamin B12 ist jedoch eine Ausnahme: Ein Vorrat wird für ca. vier Jahre in der Leber gelagert.

VITAMIN B1 *(THIAMIN).* Wichtig für die Umwandlung von Energie in Kohlenhydrate.

VITAMIN B2 *(RIBOFLAVIN).* Wie Vitamin B1 wichtig für die Umwandlung von Energie in Kohlenhydrate.

VITAMIN B5 (PANTOTHENSÄURE). Wird vom Körper benötigt, um Proteine, Fette und Kohlenhydrate im Stoffwechsel zu verwenden. Manchmal wird Pantothensäure nicht zu den Vitaminen gerechnet, da es keine typischen Mangelerscheinungen gibt.

VITAMIN B6. Sammelbezeichnung für mehrere Stoffe, die zum Ab- und Aufbau von Proteinen im Körper benötigt werden.

VITAMIN B12. Wird u. a. für den Zellstoffwechsel benötigt, zur Bildung von Blutkörperchen und zur Funktion des Nervensystems. Damit der Körper Vitamin B12 aufnehmen kann, ist ein Stoff erforderlich, der in der Magenschleimhaut gebildet wird.

VITAMIN B3 (NICOTINSÄURE). Wichtig für die Umwandlung von Energie aus der Nahrung.

VITAMIN B9 (FOLSÄURE). Wichtig für die Bildung von Aminosäuren und DNA-Bausteinen im Körper. Schwangere haben einen erhöhten Bedarf, damit sich der Fötus normal entwickelt.

VITAMIN B7 (BIOTIN). Wird zur Bildung und für den Abbau von Amino- und Fettsäuren benötigt.

VITAMIN C (ASCORBICSÄURE). Wird vom Körper zum Aufbau des Bindegewebes und für die Aufnahme von Eisen benötigt. Auch das Immunsystem und die Körperabwehr gegen Radikale sind von Vitamin C abhängig. Außerdem ist Vitamin C ein Antioxidans.

Mineralien

Der menschliche Körper benötigt etwa 20 verschiedene Mineralstoffe. Sie sind lebensnotwendig, jedoch nur in kleinen Mengen. Der Mineralstoff, den wir am meisten benötigen, ist Kalzium, das in Knochen und Zähnen vorhanden ist. Andere Mineralstoffe sind z. B. Phosphor, Kalium, Natrium und Magnesium. Stoffe, von denen wir nur geringste Mengen benötigen, werden als Spurenelemente bezeichnet. Dazu gehören Eisen, Jod, Zink und Selen. Wenn wir normal und vielseitig essen, erhalten wir meist ausreichende Mengen aller Mineralstoffe.

Antioxidantien

Sie schützen den Körper vor Säureradikalen, also vor schädlichen Stoffen, die in unseren Zellen gebildet werden, wenn Säure zur Energiegewinnung genutzt wird. Besonders wirksam sind Vitamin C, E, Betacarotin, das Coenzym Q10 und das Metall Selen. Der Bedarf wird durch obst- und gemüsereiche Kost gedeckt. Es gibt keinen Beweis dafür, dass Nahrungsergänzungsmittel mit Antioxidantien in Tablettenform Erkrankungen vorbeugen.

BEZEICHNUNG	NAME	WICHTIG FÜR
Vitamin A	Retinol	Augen, Haut, Schleimhaut
Vitamin B1	Thiamin	Stoffwechsel, Nervensystem
Vitamin B2	Riboflavin	Stoffwechsel, Haut
Vitamin B3	Nicotinsäure	Stoffwechsel, Haut, Nervensystem
Vitamin B5	Pantothensäure	Stoffwechsel
Vitamin B6	Pyridoxin	Nervensystem, Blut
Vitamin B12	Cobalamin	Blutbildung, Nervensystem, Gehirn
Vitamin B9	Folsäure	Blut, Gehirn
Vitamin B7	Biotin	Stoffwechsel
Vitamin C	Ascorbinsäure	Bindegewebe, Immunsystem
Vitamin D	Cholecalciferol	Knochenaufbau, Zähne
Vitamin E	Tocopherol	Zellschutz, Gefäßwände, Blut
Vitamin K	Phyllochinon, Menachinon	Blutgerinnung, Wundheilung

Einfach, fruchtig & frisch

In diesem Kapitel habe ich all meine Lieblings-Einsteiger-Smoothies der vergangenen Jahre gesammelt. Zutaten sind verschiedene Früchte und Beeren aus der ganzen Welt. Diese Smoothies sind ideal, um sie in größeren Mengen zuzubereiten, die man in ungiftigen Plastikbehältern einfrieren kann. Vergessen Sie nicht, zwei bis drei Zentimeter Luft über der Füllmenge zu lassen, weil der Smoothie sich im Gefrierschrank ausdehnt. Aus Sicherheitsgründen kann ich Glasflaschen nicht empfehlen, obwohl ich sie gern benutze – allerdings nicht zum Einfrieren. Auf diese Weise haben Sie immer frische Smoothies, die Sie mitnehmen können, auch wenn Sie nicht viel Zeit haben. Sie müssen lediglich daran denken, den Plastikbehälter eine Nacht vorher aus dem Gefrierschrank zu nehmen und auftauen zu lassen. Am Morgen schütteln und los geht's. Diese Smoothies sind auch perfekt für Eis-Lollys geeignet. Versuchen Sie, etwas Grün hinzuzufügen. Bio-Spinat ist perfekt für Anfänger und hat nicht viel Eigengeschmack. Sie können auch Superfoods hinzufügen: Chia-Samen, Leinsamen, Maca-Pulver oder andere Superfood-Pulver.

Als ich mit meinem Smoothie-Lifestyle anfing, trank ich all diese süßen, fruchtig-frischen Smoothies. Heute würde ich mich eher als „Hardcore-Smoothie-Master" bezeichnen. Ich verwende vielleicht 25 Prozent Früchte oder Beeren in meinen Smoothies, der Rest sind Kräuter und Gemüse. Die Smoothies in diesem Kapitel sind perfekt für den Start! Versuchen Sie dennoch, allmählich mehr und mehr Kräuter und Gemüse zu verwenden und lassen Sie einige der süßen Früchte weg.

Winter-Sonnenschein

Eine echte Vitamin-C-Bombe, supergut! Die frische Kurkuma verleiht diesem Smoothie ein genial würziges Aroma. Wenn Sie den Kurkuma-Geschmack nicht gewohnt sind, fangen Sie mit einer kleineren Menge an – das Aroma ist sehr intensiv. Aber auch ohne Kurkuma ist dieser Smoothie einfach lecker.

Tragen Sie beim Reiben von Kurkuma Handschuhe! Mehr zu Kurkuma erfahren Sie auf den Seiten 39 und 93.

Für 2 Gläser

- 4 Orangen
- 2 Grapefruits
- 1 Zitrone
- 1 Banane, tiefgefroren
- 150 g Mango, tiefgefroren
- 100 g Ananas, tiefgefroren
- ½–1 TL frisch geriebene Kurkuma oder 1 TL Pulver (nach Belieben)

1. Orangen, Grapefruits und Zitrone auspressen.
2. Fruchtsaft in den Mixer füllen. Alle tiefgefrorenen Zutaten und die Kurkuma dazugeben. Bei einfacheren Mixern sollten die Obststücke vor dem Mixen leicht angetaut sein. Bei Bedarf Maschine ausschalten und das Fruchtfleisch mit dem Spatel von den Seiten nach unten schieben.
3. Alles zu einem cremigen, dickflüssigen Smoothie mixen.

TIPP
Für einen besonders nährstoffreichen Smoothie eine Handvoll Spinat dazugeben!

Erdbeeren & Kamille

<u>Für 2 Gläser</u>

300 g Erdbeeren, tiefgekühlt
50 g Maulbeeren, getrocknet
300 ml Kamillentee, gekühlt
Saft von ½ Zitrone
Süßungsmittel (nach Belieben)
2 TL Chia-Samen

Erdbeeren, Maulbeeren, Tee und Zitronensaft zu einem glatten Smoothie mixen und abschmecken. Chia-Samen zugeben und ein paar Sekunden mixen, bis sie sich gleichmäßig verteilt haben.

Möhre, Orange & Cayennepfeffer

<u>Für 2 Gläser</u>

2 EL getrocknete Goji-Beeren
300 ml frisch gepresster Möhrensaft
Saft von 3 Orangen
Saft von ½ Limette
1 tiefgekühlte Banane
1 Msp. Cayennepfeffer
Süßungsmittel (nach Belieben)
Eiswürfel (nach Belieben)

Die Goji-Beeren 5–10 Minuten in dem Möhrensaft quellen lassen. Alle Beeren, Säfte und Banane zu einem glatten Smoothie mixen. Den Cayennepfeffer zugeben. Nach Belieben Süßungsmittel und Eis zugeben und noch einmal durchmixen.

Sanddorn & Mango

Für 2 Gläser

100 g Sanddorn (tiefgekühlt oder frisch)

200 g Mango (tiefgekühlt oder frisch)

200 g Erdbeeren (tiefgekühlt oder frisch)

1 Banane

200 ml frisch gepresster Apfelsaft

200 ml Wasser

Eiswürfel (bei frischen Früchten)

Alle Zutaten außer dem Eis zu einem glatten Smoothie mixen. Nach Belieben Eis zugeben und noch einmal durchmixen. In hohen Gläsern servieren und mit ein paar frischen Sanddornbeeren garnieren.

Hagebutte & Papaya

Für 2 Gläser

3 TL Hagebuttenpulver (getrocknete, gemahlene Hagebutten)

200 g Ananas, tiefgekühlt oder frisch

100 g Papaya

Saft von ½ Zitrone

200 ml frisch gepresster Apfelsaft

100 ml Wasser

Eiswürfel (bei frischen Früchten)

Alle Zutaten außer dem Eis zu einem glatten Smoothie mixen. Nach Belieben Eis zugeben und noch einmal durchmixen. In hohen Gläsern servieren und mit Hagebuttenpulver oder ein paar frischen Hagebutten garnieren.

Erdbeerfieber

Kokoswasser ist in letzter Zeit sehr populär, sowohl als Aufbaugetränk nach dem Leistungssport sowie als gesunder Zusatz in Smoothies. Kokoswasser ist die Flüssigkeit in der jungen, noch grünen Kokosnuss. Es besteht zu 95 Prozent aus Wasser; der Rest sind Vitamine (B und C) sowie Mineralstoffe wie Phosphor, Kalzium und Zink. Der Kaliumanteil ist besonders hoch, weswegen Kokoswasser auch gern als „der Sportdrink der Natur" bezeichnet wird. Kokoswasser lässt sich gut in Eiswürfelbehältern einfrieren und hält sich dann etwa ein halbes Jahr lang im Gefrierschrank.

Für 2 Gläser

200 g Erdbeeren

200 g Ananas, tiefgefroren

250 ml Kokoswasser

250 ml Apfelsaft oder Wasser (demineralisiert) mit dem Saft einer ½ ausgedrückten Zitrone

Alle Zutaten zu einem glatten Smoothie mixen.

Blaubeeren, Kokosnuss & Açai-Beeren

Für 2 Gläser

1 Banane

200 g tiefgekühlte Blaubeeren

4 Datteln ohne Kerne

2 EL geschälte Hanfsamen

2 EL Açai-Pulver

2 EL Kokosöl

300 ml Kokoswasse

Alle Zutaten zu einem glatten Smoothie mixen. Mit Blaubeeren garniert servieren.

Preiselbeeren, Mango & Açai-Beeren

Für 2 Gläser

100 g Preiselbeeren (tiefgekühlt oder frisch)

150 g tiefgekühlte Mango

2 EL Açai-Pulver

200 ml Kokoswasser

100 ml frisch gepresster Apfelsaft

Alle Zutaten zu einem frostigen Smoothie mixen. In hohen Gläsern servieren.

Aprikose, Himbeeren & Kamille

Für 2 Gläser

10 Aprikosen (getrocknet oder frisch)
2 EL Goji-Beeren
1 EL Chia-Samen
300 ml Kamillentee, gekühlt
200 g tiefgekühlte Himbeeren
1 EL Lucuma-Pulver (nach Belieben)

Aprikosen, Beeren und Samen 5–10 Minuten in dem Kamillentee quellen lassen, dann zu einer glatten Masse mixen. Himbeeren und Lucuma-Pulver zugeben und zu einem glatten Smoothie mixen.

Blaubeeren, Brombeeren & Rote Bete

Für 2 Gläser

300 ml frisch gepresster Apfelsaft
1 kleine Rote Bete, ungekocht
200 g tiefgekühlte Blaubeeren
100 g tiefgekühlte Brombeeren
1 EL Leinsamen
Süßungsmittel (nach Belieben)

Rote Bete waschen, schälen und grob hacken. Mit dem Apfelsaft zu einer glatten Masse mixen, die restlichen Zutaten zugeben und alles zu einem frostigen Smoothie mixen. Nach Belieben süßen.

Würziger Zitrus-Kick

Labortests haben gezeigt, dass Kurkuma Arterienverkalkung, der Alzheimer-Krankheit und Erkrankungen der Bauchspeicheldrüse, Leber und Lunge vorbeugt. Kurkuma soll auch das Tumorwachstum bei Brust-, Lungen-, Haut- und Prostatakrebs hemmen.

Kurkuma sollte bei geplanter oder bestehender Schwangerschaft nicht in größeren Mengen verzehrt werden. Halten sie bei Gesundheitsproblemen immer Rücksprache mit Ihrem Arzt.

Für 2 Gläser

- 1 Zitrone
- 4 Orangen
- 2 Grapefruits
- 2 TL Honig
- 1 TL Kurkuma, frisch gerieben (oder 1 TL Pulver)
- 1 TL Ingwer
- Eis (nach Belieben)
- 200 ml Wasser

1. Zitrone auspressen.
2. Orangen schälen und in kleine Stücke schneiden.
3. Grapefruits mit dem Messer filetieren: Erst an beiden Enden abschneiden, dann die Schale und alle Häutchen entfernen. Sie verleihen dem Smoothie einen bitteren Geschmack. Danach werden die Filets einzeln an den Zwischenwänden herausgetrennt. Wenn es schnell gehen soll, alle Zitrusfrüchte einfach auspressen.
4. Kurkuma und Ingwer reiben (Handschuhe tragen!).
5. Für einen eiskalten Smoothie zum Schluss Eis dazugeben.
6. Mit Wasser zu einem goldgelben Smoothie mixen.

Ananas & Erdbeeren

Für 2 Gläser

½ frische Ananas (oder ca. 400 g tiefgekühltes Fruchtfleisch)

200 g Erdbeeren (tiefgekühlt oder frisch)

Saft von ½ Limette

200 ml eiskaltes Wasser

Eiswürfel (nach Belieben)

Die Zutaten zu einem glatten Smoothie mixen. Nach Belieben Eis zugeben und noch einmal durchmixen.

Kiwi & Mango

Für 2 Gläser

3 Kiwifrüchte

Saft von 2 Orangen

Saft von ½ Limette

300 g Mango (tiefgekühlt oder frisch)

200 ml eiskaltes Wasser

Die Kiwis schälen und grob hacken. Alle Zutaten zu einem glatten Smoothie mixen, jedoch nicht zu lange, da die Kiwikerne dem Smoothie einen bitteren Geschmack verleihen, wenn sie beschädigt werden oder zu lange in der Flüssigkeit bleiben.

Mango, Orangen & Hagebutten

Für 2 Gläser

4 Orangen

½ Limette

300 g Mango, tiefgekühlt (oder 1 frische Mango)

2 EL Hagebuttenpulver (getrocknete, gemahlene Hagebutten)

Eiswürfel (bei frischen Früchten)

Orangen und Limette pressen. Alle Zutaten außer dem Eis zu einem glatten Smoothie mixen. Nach Belieben Eis zugeben und noch einmal durchmixen.

Minzige Wassermelone

Für 2 Gläser

500 g Wassermelone, gewürfelt (ca. ¼ mittelgroße Wassermelone)

250 g Himbeeren (tiefgekühlt oder frisch)

Saft von ½ Limette

5–6 frische Minzeblätter

Eiswürfel (bei frischen Früchten)

Süßungsmittel (nach Belieben)

Die Wassermelone in der Mitte durchschneiden, Kerne entfernen und das Fruchtfleisch grob hacken. Himbeeren, Limettensaft und Minzeblätter zugeben und zu einem glatten Smoothie mixen. Optional Eis zugeben und noch einmal mixen. In hohen Gläsern servieren und mit frischen Himbeeren garnieren.

Pfirsich-Himbeer-Traum

Pfirsiche gehören zu derselben Familie wie Pflaumen, Mandeln und Aprikosen. Es gibt Tausende von verschiedenen Pfirsichsorten. Die meisten haben die typisch pfirsichsamtige Haut, die Nektarine jedoch ist ein glatthäutiges Exemplar. Pfirsiche werden überwiegend aus Italien, Griechenland und Spanien importiert, die Hochsaison ist von Juli bis September.

Unreife Früchte sollten bei Zimmertemperatur nachreifen, jedoch kühl (bei 2–4 °C) gelagert und möglichst schnell verbraucht werden. Das Fruchtfleisch ist sehr druckempfindlich!

Ich kaufe in der Hochsaison größere Mengen von Pfirsichen ein, teile sie nach dem Entsteinen in Viertel und friere sie dann ein. Perfekt in Smoothies, zum Backen und zum Marmeladekochen im Winter!

Für 2 Gläser

3 Pfirsiche, entsteint

250 g Himbeeren, tiefgefroren

1–2 Medjool-Datteln, entsteint

250 ml Apfelsaft oder Wasser (demineralisiert) mit dem Saft einer ½ ausgedrückten Zitrone

Alle Zutaten zu einem leckeren Smoothie mixen.

Blaubeeren, Himbeeren & Goji-Beeren

Für 2 Gläser

3 EL getrocknete Goji-Beeren
2 EL Chia-Samen
5–6 Datteln, entkernt
200 ml gekühlter Grüner Tee
150 g tiefgekühlte Blaubeeren
150 g tiefgekühlte Himbeeren

Goji-Beeren, Samen und Datteln 5–10 Minuten in dem Tee quellen lassen und zusammen zu einem glatten Smoothie mixen. Tiefgekühlte Beeren zugeben, erneut mixen und mit Beeren garniert servieren.

Preiselbeeren & Orange

Für 2 Gläser

Saft von 2 Orangen
2 EL getrocknete Goji-Beeren
2 reife Birnen
200 g Preiselbeeren (tiefgekühlt oder frisch)
2 EL Leinsamenöl
Eiswürfel (bei frischen Früchten)
Süßungsmittel (nach Belieben)

Die Beeren 5–10 Minuten in dem Orangensaft quellen lassen. Die Birnen vierteln und das Kerngehäuse entfernen. Alle Zutaten außer dem Eis zu einem glatten Smoothie mixen. Nach Belieben Eis zugeben und noch einmal durchmixen. Gegebenenfalls süßen. Mit Preiselbeeren garniert servieren.

Erdbeeren, Kombucha & Maulbeeren

Für 2 Gläser

2 EL getrocknete Goji-Beeren

3 EL getrocknete Maulbeeren

1 EL Chia-Samen

400 ml Kombucha-Tee (gekauft oder selbst gebraut)

200 g tiefgekühlte Erdbeeren

Beeren und Samen 5–10 Minuten in dem Tee wässern und zusammen zu einem glatten Smoothie mixen. Die tiefgefrorenen Erdbeeren dazugeben und zu einem frostigen Smoothie mixen. Mit frischen oder getrockneten Beeren garniert servieren.

Nektarine, Himbeeren & Maulbeeren

Für 2 Gläser

3 reife Nektarinen

200 ml tiefgekühlte Himbeeren

50 g getrocknete Maulbeeren

2 EL Chia-Samen

200 ml Mandelmilch

Süßungsmittel (nach Belieben)

Die Nektarinen entkernen und alle Zutaten zu einem glatten Smoothie mixen. Nach Belieben süßen und mit Himbeeren oder Maulbeeren garniert servieren.

Mango-Möhren-Goji-Hagebutten-Smoothie

In der Saison sollten Sie einen Vorrat anlegen und in Portionen einfrieren. Es ist billiger und besser, gefrorene Früchte zu nehmen als solche, die unreif gepflückt, lange gelagert und zur monatelangen Haltbarkeit mit verschiedenen Mitteln gespritzt wurden. Frisch geerntete Früchte sind immer am besten, eingefrorene sind aber auch gut. Zur Reifeprobe an der Mango riechen und vorsichtig drücken.

Für 2 Gläser

- 2 EL Goji-Beeren
- 300 ml Möhrensaft, frisch gepresst
- 2 Limetten
- 1 Orange
- 2 TL Pulver aus ganzen Hagebutten
- 150 g Mango, tiefgefroren

1. Goji-Beeren ca. 10 Minuten im Möhrensaft einweichen.
2. Limetten und Orange auspressen. Keine Kerne in den Saft gelangen lassen, sie machen den Smoothie bitter.
3. Alles zu einem Vitamin-C-Kick mixen.

Rote Johannisbeeren & Mango

Für 2 Gläser

200 g rote Johannisbeeren (tiefgekühlt oder frisch)

200 g Erdbeeren (tiefgekühlt oder frisch)

1 Mango (oder 300 g tiefgekühltes Fruchtfleisch)

200 ml frisch gepresster Apfelsaft

Eiswürfel (bei frischen Früchten)

Alle Zutaten außer dem Eis zu einem glatten Smoothie mixen. Nach Belieben Eis zugeben und noch einmal durchmixen. In hohen Gläsern mit frischen Johannisbeeren garniert servieren.

Erdbeeren & Chili

Für 2 Gläser

400 g Erdbeeren (tiefgekühlt oder frisch)

Saft von 1 Limette

Chilischoten (nach Belieben, vorsichtig antesten)

200 ml frisch gepresster Apfelsaft

Eiswürfel (bei frischen Früchten)

Süßungsmittel (nach Belieben)

Die Erdbeeren putzen. Die Chilischoten der Länge nach durchschneiden und die Kerne entfernen, dann fein hacken. Alle Zutaten außer dem Eis zu einem glatten Smoothie mixen. Nach Belieben Eis zugeben und noch einmal durchmixen. Gegebenenfalls süßen.

Orange & Banane

<u>Für 2 Gläser</u>

4 Orangen

½ Zitrone

2 Bananen

Eiswürfel (nach Belieben)

Zitrusfrüchte pressen und die Kerne abseihen. Alle Zutaten außer dem Eis zu einem glatten Smoothie mixen. Nach Belieben Eis zugeben und noch einmal durchmixen.

Granatapfel & Grapefruit

<u>Für 2 Gläser</u>

2 Granatäpfel (oder 200 g tiefgekühltes Fruchtfleisch oder 3 EL Pulver)

2 rosafarbene Grapefruits

2 Orangen

Eiswürfel

Die Granatapfelkerne aus der Schale lösen und entsaften. Für zusätzliche Ballaststoffe kann man tiefgekühlte Kerne direkt mixen. Die Grapefruits schälen und filetieren, die Fruchthaut entfernen. Die Orangen pressen. Alle Zutaten zu einem glatten Smoothie mixen.

Liebestrank

Der Granatapfel stammt ursprünglich aus Persien und wird dort schon seit Tausenden von Jahren kultiviert. Granatäpfel sind vor allem reich an Folsäure und Antioxidantien wie Vitamin C, Karotin und Anthocyanin (das dem Granatapfel die rote Farbe gibt) sowie einer Reihe von Polyphenolen. Antioxidantien wirken aufbauend, stärken das Immunsystem und schützen vor freien Radikalen. Folsäure fördert das Zellwachstum und die Bildung von roten Blutkörperchen.

Das Herauslösen der saftigen roten Kerne kann ziemlich zeitraubend sein — ich selbst gebe das Ganze in den Entsafter, das spart Zeit und man kann den Saft dann wunderbar in Eiswürfelbehälter geben und einfrieren. Granatäpfel gibt es im Winterhalbjahr frisch zu kaufen — im Sommer kann man dann auf die Vorräte im Gefrierschrank zurückgreifen.

Für 2 Gläser

250 ml Granatapfelsaft, frisch gepresst

250 ml Apfelsaft oder Wasser (demineralisiert) mit dem Saft einer ½ ausgedrückten Zitrone

200 g Himbeeren, tiefgefroren

150 Mango, tiefgefroren

Alle Zutaten zu einem herrlich roten Zauberelixier mixen.

TIPP
Wenn der Mixer nicht sehr leistungsstark ist, die Himbeeren und die Mango vorher etwas auftauen lassen.

Himbeere & Birne

<u>Für 2 Gläser</u>

- 3 reife Birnen
- 200 g tiefgekühlte Himbeeren
- 100 ml frisch gepresster Apfelsaft
- 200 ml eiskaltes Wasser
- Süßungsmittel (nach Belieben)

Die Birnen vierteln und das Kerngehäuse entfernen. Birnen, Himbeeren, Saft und Wasser zu einer glatten Konsistenz mixen – je härter die Birnen sind, desto länger dauert es. Nach Belieben süßen und mit Himbeeren garniert servieren.

Tropische Früchte

<u>Für 2 Gläser</u>

- 2 EL getrocknete Goji-Beeren
- 300 ml Kokoswasser
- 100 g tiefgekühlte Papaya
- 100 g tiefgekühlte Ananas
- 100 g tiefgekühlte Mango
- 1 Banane

Die Beeren 5–10 Minuten in dem Kokoswasser quellen lassen, dann alle Zutaten zu einem frostigen Smoothie mixen. Mit Goji-Beeren garniert servieren.

Möhre, Ananas & Goji-Beeren

Für 2 Gläser

3 EL Goji-Beeren
300 ml frisch gepresster Möhrensaft
200 g tiefgekühlte Ananas
Saft von ½ Limette

Die Beeren 5–10 Minuten in dem Möhrensaft quellen lassen, dann alle Zutaten zu einem frostigen Smoothie mixen. Mit Goji-Beeren oder einer Ananasscheibe garniert servieren.

Ananas, Goji-Beeren & Rote Johannisbeeren

Für 2 Gläser

2 EL getrocknete Goji-Beeren
1 EL geschälte Hanfsamen
150 ml frisch gepresster Ananassaft
150 ml Kokoswasser
150 g tiefgekühlte Ananas
150 g rote Johannisbeeren (tiefgekühlt oder frisch)

Beeren und Hanfsamen 5–10 Minuten in dem Ananassaft quellen lassen, dann alle Zutaten zu einem glatten Smoothie mixen.

Heißer Smoothie mit Erdbeeren, Birne & Hibiskus

Die beruhigende Wirkung von Chili basiert auf dem Capsaicin, der die Produktion von Endorphinen anregt. Endorphine haben schmerzstillende Wirkung und schenken Wohlbefinden und Entspannung.

Cayennepfeffer ist eine Art gemahlener Chili mit vielen guten Eigenschaften:

» *Er erhöht den Stoffwechsel, ist schleimlösend und gut für die Verdauung.*

» *Er reinigt den Körper von Giftstoffen und ist schmerzstillend.*

» *Er senkt den Blutdruck und ist gut gegen Herz- und Gefäßerkrankungen.*

» *Cayennepfeffer wirkt gerinnungshemmend und gegen Krampfadern. Wie Knoblauch wirkt er gefäßerweiternd.*

» *Er kann zum Stoppen von Blutungen sogar auf Wunden gegeben werden.*

Für 2 Gläser

350 ml Hibiskustee
2–3 Datteln
1 reife Birne
150 g Erdbeeren, tiefgefroren
½–1 Prise Cayennepfeffer

1. Tee nach Packungsanweisung aufbrühen und abkühlen lassen (kalter Tee ist im Kühlschrank einige Tage haltbar).
2. Datteln entkernen.
3. Birne schälen, entkernen und in kleine Stücke schneiden. Bei Bio-Birnen kann die nährstoffreiche Schale mit verarbeitet werden.
4. Alles zu einem würzigen, fruchtigen Smoothie mixen.

Heiße Smoothies für kalte Tage

Warme Winter-Smoothies

Als ich anfing, mit warmen Smoothies zu experimentieren, war ich völlig überrascht, wie gut sie schmecken. Das Aroma kann unendlich variiert werden. Und mit allen möglichen Superbeeren und -früchten können sie noch weiter aufgewertet werden.

Ein warmer Smoothie ist fast wie eine warme Suppe, perfekt zum Frühstück, als Zwischenmahlzeit oder am Abend, wenn das Wetter kalt ist und die Sehnsucht nach Wärme wächst. Ein warmer Smoothie kann prima in der Thermosflasche zu Ausflügen oder beim Sport im Freien mitgenommen werden. Perfekte Wärme für den Körper mit jeder Menge Vitaminen und Gesundem, die außerdem Erkältungen vorbeugt und das Immunsystem stärkt.

Warme Smoothies serviert man am besten in einer Tasse, im Becher oder einem hitzebeständigen Glas mit Henkel.

Die Hauptzutaten im warmen Smoothie sind Tees oder Getränke, die aus Kräutern und Gewürzen zubereitet werden. Es gibt unglaublich viele Teesorten, und die meisten eignen sich perfekt zum Mischen mit Beeren und Obst. Nehmen Sie eine Teesorte, die Sie mögen. Die Teemischung muss nicht kochen, sie sollte schließlich alle Inhaltsstoffe behalten. Denken Sie daran, dass viele Tees einen hohen Teingehalt haben. Das kann beim Einschlafen zu Problemen führen. Als Abendgetränk eignet sich Kräutertee deshalb besser.

Von klassischen Beerenmischungen bis zu exotischen Früchten sind viele gefriergetrocknete Obst- und Beerenpulver erhältlich. Sie sind in gut verschlossener Verpackung lange haltbar. Pulver sollte selbst dann im Kühlschrank aufbewahrt werden, wenn der Verbrauch gering ist. Studieren Sie die Zutatenliste, damit keine unnötigen Inhaltsstoffe enthalten sind. Natürlich sollte das Pulver weder Zucker noch andere Süßungsmittel enthalten. Getrocknete, ganze Beeren und Fruchtstücke sollten vorher eingeweicht werden.

Tiefgefrorene Zutaten, Beeren und Früchte bei Zimmertemperatur auftauen. Danach werden sie mit frisch gekochtem, etwas abgekühltem Tee oder Kräutertee und Gewürzen gemixt. Ich kühle ein Drittel des Tees mit Eiswürfeln, sodass er immer noch warm ist (ca. 50 °C) und dem Mixer nicht schadet. Der restliche, heiße Tee kommt direkt mit dem fertigen Smoothie in die Tasse oder das Glas. Gut umrühren! Soll der Smoothie wärmer sein, einfach etwas mehr heißen Tee zugießen.

Man sollte keine heißen Zutaten im Mixer verwenden, da dieser sonst beschädigt werden könnte. Am besten wärmt man den Smoothie zum Schluss mit richtig heißem Tee auf.

TIPP! Wie bei allen heißen Getränken sollten Sie mit der Mixerkanne sehr vorsichtig umgehen, besonders, wenn sie aus Glas besteht. Ich habe einen Mixer mit Kunststoffbehälter, der Hitze verträgt. Kochend heiße Zutaten gebe ich aber trotzdem nicht hinein. Die Zutaten sollten sicherheitshalber auf 50–55 °C abkühlen.

Himbeere, Melone & Passionsfrucht mit Rooibos-Tee

Im Unterschied zu normalem roten Tee enthält Rooibos-Tee kein anregendes Koffein (eigentlich Tein, wenn es in Tee enthalten ist). Deshalb kann er gut am Abend oder bei Detox getrunken werden. Rooibos soll gut bei Schlafproblemen und lindernd bei Allergien, Asthma, Koliken, Heuschnupfen und Ekzemen wirken. Am besten Tee aus ökologischem Anbau wählen.

Für 2 Gläser

- **350 ml Rooibos-Tee (roter Tee)**
- **1 Eiswürfel**
- **½–1 Zitrone**
- **100 g Melone**
- **2 Passionsfrüchte**
- **100 g Himbeeren, aufgetaut**

1. Tee nach Packungsanweisung aufbrühen. 150 ml heißen Tee in einen Becher füllen und mit dem Eiswürfel auf ca. 50 °C abkühlen.
2. Zitrone auspressen.
3. Melone dünn schälen (viele Nährstoffe sitzen direkt unter der Schale). Die nährstoffreichen Kerne sollten Sie keinesfalls aussortieren. Melone in kleine Stücke schneiden.
4. Passionsfrüchte teilen und Fruchtfleisch herauskratzen.
5. Den Eiswürfeltee mit allen Zutaten zu einem glatten Smoothie mixen.
6. In ein großes, hitzebeständiges Glas füllen und den restlichen heißen Tee dazugeben.
7. Smoothie warm genießen.

TIPP

Die Kerne der Passionsfrüchte machen den Smoothie körniger. Wenn Sie lieber ganz glatte Smoothies mögen, etwas Wasser in die Fruchthälften geben, umrühren und dann die Kerne aussieben.

Erdbeeren, Banane & Passionsfrucht mit Brennnesseltee

Brennnesseln gehören zu den wirksamsten Heilpflanzen und werden seit Jahrhunderten verwendet. Sie wirken stark entschlackend. Die Heilkraft sitzt in Wurzeln, Stängeln, Blättern und Blüten. Die Brennnessel kann die Anfälligkeit für Erkältungen mindern sowie Ekzeme und Kopfschmerzen lindern. Wenn Sie sich müde und schlapp fühlen, kann eine Kur mit der eisenreichen, frischen Brennnessel helfen.

Brennnesseln im Frühling pflücken, wenn sie noch zart sind. Tee oder eine nährstoffreiche Brennnesselsuppe daraus kochen. Wenn Sie die Brennnesseln im Sommer regelmäßig ernten, können sie zur Herstellung von Brennnesselpulver oder Tee in der kalten Jahreszeit getrocknet werden.

Für 2 Gläser

350 ml Brennnesseltee

1 Eiswürfel

½ Zitrone

1 Grapefruit

2 Passionsfrüchte

150 g Erdbeeren, aufgetaut

1 Banane

1. Tee nach Packungsanweisung aufbrühen. 100 ml heißen Tee in einen Becher füllen und mit dem Eiswürfel auf ca. 50 °C abkühlen.
2. Zitrone und Grapefruit auspressen.
3. Passionsfrüchte teilen und Fruchtfleisch herauskratzen.
4. Den Eiswürfeltee mit allen Zutaten zu einem glatten Smoothie mixen.
5. In ein hitzebeständiges Glas füllen und den restlichen heißen Brennnesseltee dazugeben.
6. Smoothie warm genießen.

Ananas, Mango & Kurkuma

Kurkumapulver ist mit beliebigen Zutaten mischbar und kann auch erhitzt werden. Ich mixe gern ein paar Stücke rohe Kurkuma in meine Smoothies oder in Saft. Studien haben gezeigt, dass Kurkuma, gemischt mit etwas Piperin (der Stoff, der schwarzem Pfeffer seine Schärfe verleiht), die Aufnahme von Curcumin im Körper erleichtert, dem stark antientzündlichen Farbstoff der Kurkuma. Ein Esslöffel wird als Tagesmenge empfohlen und hat eine kräftige, natürlich heilende Wirkung.

Für 2 Gläser

- 400 ml entschlackende Teemischung (nach Belieben, viele Sorten erhältlich)
- 1 Eiswürfel
- 1 Limette
- 100 g Mango, frisch oder aufgetaut
- 100 g Ananas, frisch oder aufgetaut
- 1 TL Kurkuma, frisch gerieben (oder 1 TL Pulver)
- 1 Prise schwarzer Pfeffer, frisch gemahlen

1. Tee nach Packungsanweisung aufbrühen. 150 ml heißen Tee in einen Becher füllen und mit dem Eiswürfel auf ca. 50 °C abkühlen.
2. Limette auspressen.
3. Frische Mango schälen und in Stücke schneiden.
4. Frische Ananas schälen, den harten Mittelteil entfernen und die Frucht in kleine Stücke schneiden.
5. Den Eiswürfeltee mit allen Zutaten zu einem glatten Smoothie mixen.
6. In ein hitzebeständiges Glas füllen und den restlichen heißen Tee dazugeben.
7. Smoothie warm genießen.

TIPP

Wäscht und schrubbt man die Kurkuma-Schale ordentlich, muss sie nicht entfernt werden. Vorsicht mit frischer Kurkuma, sie färbt Hände und Küchenutensilien und ist schwer zu entfernen. Handschuhe verwenden oder die Kurkuma mit einer kleinen Plastiktüte halten!

Kiwi, Mango & Orange mit grünem Tee

Grüner Tee diente früher als Arzneimittel. Heute wird er meist getrunken, weil er schmackhaft und gesund ist.

Er enthält Polyphenole, antioxidierende Stoffe. Sie sollen Körperzellen und DNA vor freien Radikalen schützen, die Krebserkrankungen, Zelltod und altersbedingte Erkrankungen verursachen.

Die Teeblätter enthalten viele nützliche, natürliche Stoffe, u. a. viele gesunde Antioxidantien, Vitamine und Mineralien. Der Tee hat einen geringen Teingehalt und ist für Detox gut geeignet. Am besten Tee aus ökologischem Anbau wählen.

Für 2 Gläser

- 350 ml grüner Tee
- 1 Eiswürfel
- 1 Zitrone
- 1 Orange
- 150 g Mango, frisch oder aufgetaut
- 2 Kiwis

1. Tee nach Packungsanweisung aufbrühen. 100 ml heißen Tee in einen Becher füllen und mit dem Eiswürfel auf ca. 50 °C abkühlen.
2. Zitrone und Orange auspressen.
3. Mango und Kiwis dünn schälen (viele Nährstoffe sitzen direkt unter der Schale). Bei Bio-Kiwis kann die Schale mit verarbeitet werden.
4. Eiswürfeltee, Zitronensaft, Orangensaft und Mango zu einem glatten Smoothie mixen.
5. Kiwis zerkleinern und in den Smoothie mixen. Die Kiwikerne können den Geschmack bitter machen, wenn sie länger gemixt werden.
6. In ein großes, hitzebeständiges Glas füllen und den restlichen heißen Tee dazugeben.
7. Smoothie warm genießen.

Moosbeeren-Apfel-Smoothie

In der Volksmedizin werden Moosbeeren vorbeugend als Heilmittel gegen Herpes, Zahnfleischentzündungen, Harnwegsinfektionen und Magengeschwüre verwendet.

Wenn sie blutverdünnende Medikamente einnehmen, sollten Sie vor dem Verzehr größerer Mengen Moosbeeren mit Ihrem Arzt Rücksprache nehmen.

Für 2 Gläser

- 1–2 Datteln, am besten Medjool
- 1 TL Ingwer, frisch gerieben
- 250 ml Moosbeerensaft
- 4 TL Moosbeeren, getrocknet
- ½–1 TL Zimt, gemahlen
- 1 Apfel, süß und mürbe
- 200 ml kochend heißes Wasser

1. Datteln entkernen, Ingwer reiben.
2. Moosbeerensaft auf 80 °C erhitzen; er sollte keinesfalls kochen.
3. Getrocknete Moosbeeren, Datteln, Zimt und Ingwer dazugeben, Deckel auflegen und 5–6 Minuten ziehen lassen.
4. Apfel schälen, entkernen und in kleine Stücke schneiden. Schale bei Bio-Äpfeln mit verarbeiten. Direkt unter der Schale sitzen viele gesunde Nährstoffe.
5. Moosbeerenmischung und Apfelstücke zu einer cremigen Masse mixen.
6. Mixer mit dem Spatel auskratzen und die Mischung in ein hitzebeständiges Glas oder einen Becher geben.
7. 200 ml heißes Wasser dazugießen und gut verrühren.
8. Mit einigen getrockneten Moosbeeren garnieren.
9. Sofort genießen!

Apfel-Jasmin-Granatapfel-Smoothie

Jasmin wird zum Aromatisieren von Tee verwendet. Meist ist es grüner Jasmintee, aber auch alle anderen Teesorten können mit Jasmin versetzt werden. Ich liebe hochwertigen, weißen Jasmintee. Die Jasminblüten werden am Tag geerntet und kühl aufbewahrt. In der Nacht, wenn die Blüten ihren Duft abgeben, werden sie mit Tee gemischt, der Duft und Aroma annimmt. Bei feineren Mischungen werden die Blüten wieder entfernt.

Für 2 Gläser

- 400 ml Jasmintee
- 1 Eiswürfel
- ½ Zitrone
- 150 g Granatapfelkerne, frisch oder aufgetaut
- 1 Apfel
- 1–2 Datteln, am besten Medjool

1. Tee nach Packungsanweisung aufbrühen. 150 ml heißen Tee in einen Becher füllen und mit dem Eiswürfel auf ca. 50 °C abkühlen.
2. Zitrone auspressen.
3. Granatapfelkerne auslösen oder aufgetaute verwenden.
4. Apfel schälen, entkernen und in kleine Stücke schneiden. Schale bei Bio-Äpfeln mit verarbeiten. Direkt unter der Schale sitzen viele gesunde Nährstoffe.
5. Datteln entkernen.
6. Den Eiswürfeltee mit allen Zutaten zu einem glatten Smoothie mixen.
7. In ein hitzebeständiges Glas füllen, den restlichen heißen Tee dazugeben und umrühren.
8. Smoothie warm genießen.

Hibiskus, Granatapfel & Grapefruit

Der Tee soll schwach flüssigkeitstreibend, fiebersenkend, gallentreibend, schleimhautschützend und beruhigend wirken. Er senkt den Blutdruck und wirkt anregend auf die Darmtätigkeit. Hibiskus ist reich an Vitamin C, stärkt das Immunsystem und ist ein Antioxidans.

Weil Hibiskustee blutdrucksenkend wirkt, sollte er nicht bei niedrigem Blutdruck getrunken werden. Schwangere sollten ihn ganz vermeiden, da er hormonbeeinflussende Stoffe enthält.

Für 2 Gläser

- **350 ml Hibiskustee**
- **1 Eiswürfel**
- **1 Grapefruit**
- **100 g Granatapfelkerne, frisch oder aufgetaut**
- **100 g Mango, frisch oder aufgetaut**

1. Tee nach Packungsanweisung aufbrühen. 100 ml heißen Tee in einen Becher füllen und mit dem Eiswürfel auf ca. 50 °C abkühlen.
2. Grapefruit auspressen.
3. Granatapfelkerne herauslösen oder aufgetaute verwenden.
4. Frische Mango schälen und in Stücke schneiden.
5. Den Eiswürfeltee mit allen Zutaten zu einem glatten Smoothie mixen.
6. In ein großes, hitzebeständiges Glas füllen und den restlichen heißen Hibiskustee dazugeben.
7. Smoothie warm genießen.

TIPP

Wenn Sie zum Auslösen der Granatapfelkerne keine Zeit haben, können Sie den Granatapfel auch mit der Zitruspresse auspressen.

Heißer Vanille-Blaubeer-Smoothie

Eine Vanilleschote kann vier- bis fünfmal verwendet werden. Je häufiger man sie benutzt, desto länger muss sie ziehen. Wenn Sie – wie ich – Vanille lieben, können Sie Vanillepulver selbst herstellen oder schon verwendete, ausgekratzte und gewaschene Vanilleschoten in einen hitzebeständigen Behälter legen, mit kochendem Wasser übergießen und eine Woche ziehen lassen. Das Vanillewasser eignet sich wunderbar als Aroma und hält im Kühlschrank bis zu einem Monat. Es kann auch in Eiswürfelformen eingefroren werden.

Ich mahle benutzte Vanilleschoten und mische das Pulver mit Rooibos- oder weißem Tee.

Für 2 Gläser

400 ml Vanilletee

1 Eiswürfel

½ Zitrone

2–3 Datteln, am besten Medjool

200 g Blaubeeren, aufgetaut

1. Tee nach Packungsanweisung aufbrühen. 100 ml heißen Tee in einen Becher füllen und mit dem Eiswürfel auf ca. 50 °C abkühlen.
2. Zitrone auspressen.
3. Datteln entkernen.
4. Den Eiswürfeltee mit allen Zutaten zu einem glatten Smoothie mixen.
5. In ein großes, hitzebeständiges Glas füllen und den restlichen heißen Tee dazugeben.
6. Smoothie warm genießen.

Wärmender Himbeer-Kamillen-Smoothie

Getrocknete oder frische Kamillenblüten werden normalerweise für Tee verwendet, 1–2 Teelöffel getrocknete Kräuter für eine große Tasse, je nach gewünschter Intensität. Der Tee hilft bei Reizungen von Magen und Darm, Gastritis und Koliken. Bei Menstruationsbeschwerden lindert der Genuss einiger Tassen die Krämpfe. Kamillentee kann auch bei Spannungskopfschmerzen, leichter Migräne und als Vorbeugung und Heilung bei Erkältung verwendet werden. Fällt es Ihnen schwer, abends zu entspannen, kann eine Tasse Kamillentee Wunder wirken.

Dieser Smoothie ist unglaublich lecker und entspannend – ideal am Abend!

Für 2 Gläser

- 400 ml Kamillentee
- 1 Eiswürfel
- ½ Zitrone
- 200 g Himbeeren, aufgetaut
- 2 TL Bienenpollen (nach Belieben)
- 2 TL Honig

1. Tee nach Packungsanweisung aufbrühen. 150 ml heißen Tee in einen Becher füllen und mit dem Eiswürfel auf ca. 50 °C abkühlen.
2. Zitrone auspressen.
3. Den Eiswürfeltee mit allen Zutaten zu einem glatten Smoothie mixen.
4. In ein hitzebeständiges Glas füllen und den restlichen heißen Kamillentee dazugeben.
5. Smoothie warm genießen.

Skandinavischer Beeren-Smoothie mit Kamillentee

Kamille gehört zu den ältesten und beliebtesten Arzneimittelpflanzen Europas. Sie wächst europaweit wild an Feldern und Rainen und wird meist wegen der heilenden Eigenschaften der Blüten gepflückt.

Kamille enthält viele medizinisch wirksame Stoffe und ätherische Öle, u. a. den blauvioletten Farbstoff Chamazulen. Kamille kann innerlich wie äußerlich zur Entzündungshemmung und Abtötung von Bakterien angewendet werden. Sie hat eine schweißtreibende Wirkung. Außerdem wirkt die Pflanze dämpfend und beruhigend.

Für 2 Gläser

- **400 ml Kamillentee**
- **50 g Blaubeeren, aufgetaut**
- **50 g Brombeeren, aufgetaut**
- **50 g Himbeeren, aufgetaut**
- **50 g Preiselbeeren, aufgetaut**
- **2 EL Mandelbutter**
- **1 EL Honig**

1. Tee nach Packungsanweisung aufbrühen. 150 ml heißen Tee in einen Becher füllen und mit dem Eiswürfel auf ca. 50 °C abkühlen.
2. Den Eiswürfeltee mit allen Zutaten zu einem glatten Smoothie mixen.
3. In ein hitzebeständiges Glas füllen und den restlichen heißen Kamillentee dazugeben.
4. Smoothie warm genießen.

Mango, Orange & Ananas mit Löwenzahntee

Löwenzahn wirkt natürlich entschlackend und genießt schon lange hohes Ansehen. Er reinigt das Blut und hilft bei Gicht, Arteriosklerose und Verstopfung. Die Pflanze ist gut für den Darm, für Nieren, Bauchspeicheldrüse und Leber. Löwenzahn ist von Natur aus reich an Vitamin C, B, Eisen und alkalischen Stoffen wie Kalk und Magnesium und hat eine harntreibende Wirkung.

Löwenzahntee bzw. der Tee aus seinen Blättern ist in Reformläden erhältlich und nicht teuer. Am besten Tee aus ökologischem Anbau wählen.

Für 2 Gläser

350 ml Löwenzahntee
1 Eiswürfel
1 Zitrone
1 Orange
100 g Mango, frisch oder tiefgefroren
100 g Ananas, frisch oder tiefgefroren

1. Tee nach Packungsanweisung aufbrühen. 100 ml heißen Tee in einen Becher füllen und mit dem Eiswürfel auf ca. 50 °C abkühlen.
2. Zitrone und Orange auspressen.
3. Mango schälen und in Stücke schneiden.
4. Ananas schälen, den harten Mittelteil entfernen und die Frucht in kleine Stücke schneiden.
5. Den Eiswürfeltee mit allen Zutaten zu einem glatten Smoothie mixen.
6. In ein hitzebeständiges Glas füllen und den restlichen heißen Löwenzahntee hinzugeben.
7. Smoothie warm genießen.

Heiße Orange, Ingwer & Möhre

Eine klassische Geschmackskombination, diesmal aber warm!

Die Immunabwehr ist eines der bestentwickelten Systeme des Körpers, an das wir meist keinen Gedanken verschwenden, so lange es uns gut geht. Die Aufgaben des Immunsystems bestehen im Schutz vor Virenangriffen, Bakterien und anderen Mikroorganismen.

Drei von vier Personen sind mindestens einmal jährlich erkältet. Erkältungen werden von Viren verursacht, und da wir ständig von etwa 200 Erkältungsviren umgeben sind, ist eine starke Immunabwehr wichtig, die uns vor normalen Erkältungen, aber auch vor ernsteren Infektionen und Krankheiten schützt.

Durch gesunde Ernährung und Lebensweise stärken Sie Ihre Immunabwehr regelmäßig mit ganz einfachen Mitteln.

Für 2 Gläser

- 2 Möhren
- 5 Orangen
- 1 Zitrone
- 1–2 TL Ingwer, frisch gerieben
- 2 TL Honig
- 200 ml heißes Wasser

1. Möhren schälen und in kleine Stücke schneiden. Bei einem einfacheren Mixer sollten Sie die Möhren reiben.
2. Orangen und Zitrone auspressen.
3. Alle Zutaten bis auf das heiße Wasser in den Mixer geben. Auf höchster Stufe mixen.
4. In hitzebeständige, große Gläser füllen und das heiße Wasser dazugeben.
5. Smoothie warm genießen.

Orangen-Preiselbeer-Smoothie mit Ingwer

Ein klassischer Kick für das Immunsystem!

Für 2 Gläser

- ½–1 TL Ingwer, frisch gerieben
- 250 ml Orangensaft (oder 3 ausgepresste Orangen)
- 1 Zitrone
- 100 g Preiselbeeren, aufgetaut (oder 2 TL Preiselbeerpulver)
- 2 TL Honig
- 250 ml heißes Wasser

1. Ingwer schälen und fein reiben.
2. Zitrone und Orangen auspressen.
3. Saft zusammen mit dem Ingwer auf ca. 50 °C erhitzen. Die Mischung sollte keinesfalls kochen.
4. Preiselbeeren in den Mixer geben, Saftmischung und Honig dazugeben. Wenn Sie Preiselbeerpulver verwenden, dieses zum Schluss in den Mixer geben. Zu einem schaumigen Vitamin-C-Kick mixen.
5. In hitzebeständige, große Gläser füllen und das heiße Wasser dazugeben.
6. Smoothie warm genießen.

Heiße Coco-Schoko

Ich liebe Kokosmilch. Mittlerweile ist Bio-Ware im Handel, achten Sie jedoch auf die Zusatzstoffe in der Milch. Eine gute Kokosmilch sollte nur zwei Zutaten enthalten: Kokos und Wasser. Gute Kokosmilch enthält 75–80 Prozent Kokos, der Rest sollte Wasser sein.

Kokosmilch wird aus dem gepressten Fruchtfleisch der Kokosnüsse hergestellt, das dann für die Cremigkeit mit Wasser gemischt wird. Wenn Sie eine leichtere Variante möchten, einfach mit mehr Wasser auffüllen. Nie jedoch Light-Produkte kaufen! Sie enthalten nur mehr Wasser und meist viele Zusätze.

Kokosmilch kann gut in Form von Eiswürfeln eingefroren werden. Ich nehme 1 Esslöffel Kokosmilch pro Form. Die Dose vor dem Öffnen gut schütteln, damit sich alles gut mischt. Gefrorene Kokosmilchwürfel in einen Plastikbeutel legen und mit Namen und Datum kennzeichnen. Kokosmilch hält im Gefrierschrank bis zu einem Jahr. Perfekt und bequem bei der Zubereitung von Smoothies!

Für 2 Gläser

400 ml Nussmilch (nach Belieben), ungesüßt (Mandel-, Haselnuss- oder Cashewmilch)

4 EL Kokosmilch, ohne Zusätze

2 EL Kokosöl, roh

1 Banane

2–3 Datteln, am besten Medjool

1–2 EL Rohkakao

1 EL Carob-Pulver

1 EL Maca-Pulver

Kokos zur Garnierung

1. Nussmilch auf 80–85 °C erhitzen. Sie sollte keinesfalls kochen.
2. 100 ml Nussmilch in einen hitzebeständigen Becher füllen. Kokosmilch und -öl zur Abkühlung dazugeben.
3. Banane schälen und kleinschneiden.
4. Datteln entkernen.
5. Die abgekühlte Nussmilchmischung mit den anderen Zutaten cremig mixen.
6. Die Mischung in ein hitzebeständiges Glas geben.
7. Restliche, heiße Nussmilch dazugeben und gut mischen.
8. Mit etwas Kokos bestreuen und genießen!

Heißer Zimt-Apfel-Smoothie

Dieser warme Winter-Smoothie schmeckt wie warmer Apfelkuchen! Er ist gesund, sättigend und enthält weder Zucker noch überflüssige Kalorien. Verarbeiten Sie die Schale bei Bio-Äpfeln mit. Viele gesunde Nährstoffe sitzen direkt unter der Schale.

Wie bei den meisten Nüssen ist es auch hier besser, diese 4–8 Stunden einzuweichen und danach abzuspülen. Durch das Einweichen der Nüsse werden die schwerverdaulichen Enzyme entfernt, mehr Nährstoffe aus den Nüssen gewonnen, und das Aroma wird etwas milder.

Für 2 Gläser

- 50 g Pekannüsse, natur (vier Stunden oder über Nacht eingeweicht)
- 2 Äpfel
- 50 g Bio-Rosinen
- ½–1 TL Zimt
- 200 ml Wasser
- 200 ml heißes Wasser

1. Äpfel schälen, entkernen und in kleine Stücke schneiden.
2. Apfelstücke, Rosinen und Zimt in einen kleinen Topf geben und 200 ml Wasser darübergießen. Deckel auflegen und bei geringer Temperatur 2–3 Minuten oder bis die Apfelstücke etwas weich sind, kochen. Je kürzer die Kochzeit und je geringer die Temperatur, desto mehr Nährstoffe bleiben erhalten.
3. Topf vom Herd nehmen und mit Deckel ruhen lassen, sodass die Apfelstücke weicher werden und die Mischung etwas abkühlt.
4. Mischung in den Mixer geben. Nüsse abspülen, dazugeben und alles auf höchster Stufe zu einem cremigen Smoothie mixen.
5. In hitzebeständige Gläser oder Becher füllen.
6. Mit heißem Wasser auffüllen und umrühren.
7. Etwas Zimt darüberstreuen und den Smoothie warm genießen.

Warmer Schoko-Cashew-Smoothie mit geröstetem Kokos

Quinoa ist eine ausgezeichnete, gesunde Smoothie-Zutat, die sehr unterschätzt wird. Sie passt perfekt zu allen nussigen, milchigen Smoothies. Wenn Sie gekochtes Quinoa in Gefrierbeuteln einfrieren, haben Sie es immer zur Hand.

Für 2 Gläser

300 ml Cashewmilch

20 g weiße Schokolade

3 EL Kokosmilch, ohne Zusätze

1 reife Banane

1–2 Datteln, Medjool (nach Belieben)

85 g Quinoa, gekocht

2 EL Maca-Pulver

1 EL Kokoszucker

20 g Cashewkerne, natur

2 EL Kokosraspeln oder -flocken, geröstet (zur Garnierung)

1. Cashewmilch auf 80 °C erhitzen; sie sollte keinesfalls kochen.
2. Weiße Schokolade hacken und in die warme Milch geben, umrühren und schmelzen lassen.
3. Die Hälfte der warmen Schokomilch in einen Becher geben und die Kokosmilch einrühren, sodass die Schokomilch etwas abkühlt. Mischung in den Mixer geben.
4. Banane schälen und kleinschneiden, Datteln entkernen.
5. Quinoa, Maca-Pulver, Kokoszucker, Cashewkerne und geröstete Kokosflocken/-raspeln mit der lauwarmen Schokomilch mixen.
6. In ein hitzebeständiges Glas füllen. Die restliche, heiße Cashewmilch hineingießen. Gut umrühren.
7. Nach Belieben mit geröstetem Kokos und geriebener weißer Schokolade garnieren.
8. Smoothie warm genießen.

Heiße mexikanische Schokolade

Ich liebe klassische Drinks und lasse mich oft von ihnen inspirieren, aber auf meine eigene, etwas gesündere Art. Diese mexikanische Schokolade ist perfekt, wenn das Wetter ungemütlich ist und die Sehnsucht nach Wärme steigt. Ich gebe wegen der Antioxidantien, Vitamine und Proteine eine Handvoll Spinat hinzu. Mit etwas aufgeschlagener Kokosmilch und einem Topping aus geriebener Schokolade kann der Smoothie weiter aufgewertet werden.

Kalt oder warm servieren.

Für 2 Gläser

400 ml Mandelmilch, ungesüßt

30 g frischer Spinat

2 EL Mandelbutter

2 EL Kokosmilch, ohne Zusätze

2–3 Datteln, Medjool (nach Belieben)

1 Banane

2–3 EL Kakao, roh

1 TL Zimt, gemahlen

1 Prise Muskatnuss

1 Prise Himalayasalz

1–2 Prisen Cayennepfeffer, gemahlen (nach Belieben)

Garnierung:

Geschlagene Kokosmilch

Geriebene Schokolade oder Kakao-Nibs

1. Mandelmilch auf 55–60 °C erhitzen.
2. Die warme Milch mit dem Spinat zu einem schönen, grünen Drink mixen.
3. Restliche Zutaten dazugeben und zu einem nährstoffreichen Schokodrink mixen.
4. Soll der Smoothie richtig heiß sein, in einen Topf geben und auf die gewünschte Temperatur erhitzen. Tipp: Ein Smoothie sollte nie kochen!
5. Mit einem Mixer etwas Kokosmilch zu Kokossahne schlagen.
6. Geriebene dunkle Schokolade darüberstreuen.

Warmer Hafermokka

Der perfekte Start in einen Wintertag! Dieser Smoothie wärmt, sättigt und schmeckt göttlich. Wenn Sie kein Koffein möchten, verwenden Sie einfach koffeinfreies Kaffeepulver. Der Kaffee sollte aus ökologischem Anbau stammen, damit keine Spuren von Pflanzenschutzmitteln enthalten sind.

Für 2 Gläser

- 400 ml Hafermilch
- 1 reife Banane
- 2–3 Datteln, am besten Medjool
- 2 EL Bio-Haselnüsse
- 1 EL Chia-Samen
- 2 EL Rohkakao
- 1 TL löslicher Bio-Kaffee
- 3 EL Haferflocken
- Schokolade oder Kakao zum Garnieren

1. Hafermilch auf 50 °C erhitzen (man sollte den Finger noch in die Milch halten können).
2. Banane kleinschneiden.
3. Datteln entkernen.
4. Banane, Datteln, Haselnüsse, Chia-Samen, Kakao, Kaffeepulver und Haferflocken in den Mixer geben. 200 ml warme Hafermilch dazugeben und zu einem cremigen Smoothie mixen.
5. In ein hitzebeständiges Glas füllen.
6. Restliche Milch im Topf erhitzen, bis sie fast kocht und über den Smoothie geben. Mit einem langstieligen Löffel umrühren.
7. Etwas geriebene Schokolade oder Kakao darüberstreuen.
8. Sofort servieren!

Grüne Smoothies

Ohne meine grünen Smoothies könnte ich keinen Tag überleben. Ich liebe es, einen Morgen mit frischem Ingwer in einem grünen Smoothie zu beginnen! Es ist wirklich ein perfekter Ersatz für Kaffee und macht mich wach und glücklich. So vermeide ich ein Zuviel an Kaffee und anderen, nicht unbedingt gesunden Lebensmitteln. Ich trinke jeden Tag mindestens einen Liter grüne Smoothies und versuche, jeden Tag einen anderen zu machen.

Meine Freunde halten mich für ein bisschen verrückt, denn wenn ich auf Reisen bin und meinen Mixer nicht bei mir habe, bin ich regelrecht süchtig danach, eine nette Bio-Smoothie-Bar zu finden und dort den Vorrat an frischem Ingwer und Kurkuma wegzutrinken. Ich verbrauche etwa 1,5 Kilogramm frischen Bio-Ingwer pro Woche und das funktioniert sehr gut mit meinem Körper.

Meine grünen Lieblingszutaten sind frisches Weizengras (das ich zuhause anbaue), Kohl und Spinat, aber in der Saison verwende ich alle Arten von essbaren „Unkräutern", die ich auf Wiesen und in Wäldern pflücke. Ich friere oder trockne und pulverisiere sie dann für die Wintersaison. Wenn Sie Ihre favorisierten grünen Zutaten wählen, stellen Sie sicher, dass sie immer aus organischem Anbau und vorzugsweise aus der Saison sind. Blattgemüse ist extrem nährstoffreich. Es sorgt dafür, dass Ihr fantastischer Körper alles bekommt, um optimal zu arbeiten, hält Ihren Blutzucker stabil, macht Ihren Bauch glücklich und hält Sie fit wie den berühmten Duracell-Hasen.

Grüner Winterobst-Smoothie

Weintrauben gehören zu den Obstsorten, die am intensivsten gespritzt werden. Nehmen Sie am besten immer ökologisch angebaute Früchte, Rosinen oder Wein. In verschiedenen unabhängigen Studien wurden in einer Packung Weintrauben bis zu zwanzig unterschiedliche Pflanzenschutzmittel nachgewiesen. Züchter von Tafeltrauben haben große Probleme mit Schädlingen und Erkrankungen wie z. B. Pilzbefall. Deshalb wird auch vorbeugend mit Chemikalien bekämpft. Gespritzt wird schon, bevor ein Befall überhaupt erfolgt ist.

An allen weltweit angebauten Früchten haben Weintrauben einen Anteil von etwa 45 Prozent. Davon sind ca. 10 Prozent Tafeltrauben, 5 Prozent werden zu Rosinen getrocknet und die restlichen 85 Prozent zur Weinherstellung genutzt.

Für 2 Gläser

- 1 Limette
- 6 Mandarinen (oder andere kleine Zitrusfrüchte)
- 1 reife Birne
- 100 g grüne Weintrauben, Bio-Ware
- 200 ml Apfelsaft, frisch gepresst
- 100 ml Wasser
- 30 g frischer Spinat
- 2 EL Chia-Samen
- Eis (nach Belieben)

1. Limette und Mandarinen auspressen, eventuell Kerne aussieben.
2. Birne schälen, entkernen und in kleine Stücke schneiden. Schale bei Bio-Birnen mit verarbeiten.
3. Weintrauben nach Belieben entkernen.
4. Alles zu einem winterlichen Smoothie mixen.
5. Zum Schluss nach Belieben Eis zugeben.

Mystischer Garten

Gründlich gewaschene Kiwi kann man mitsamt der Schale essen! Sie ist weich und schmackhaft und man spürt die Haare nicht auf der Zunge. Außerdem enthält die Schale viele nützliche Nährstoffe. Kiwifrüchte enthalten sehr viel Vitamin C und Vitamin E. Man sollte sie jedoch nicht mit Milchprodukten zusammen verwenden, sondern lieber zusammen mit Beeren oder tropischen Früchten.

Bis in die 1960er-Jahre wurde die Kiwi wegen ihres Geschmacks auch chinesische Stachelbeere genannt. Sie wird zumeist aus Neuseeland importiert, doch zwischen November und April auch aus dem Mittelmeerraum. Eine gute Kiwi gibt bei leichtem Druck etwas nach. Vermeiden Sie allzu weiche Früchte, denn diese schmecken schnell unangenehm.

Für 2 Gläser

500 ml Löwenzahntee, gekühlt

½–1 TL Ingwer, gerieben

3 Kiwis, grob gehackt

30 g Spinat

Alle Zutaten zu einem herrlich süßen, grünen Smoothie mixen.

Grüner Paradies-Ananas-Smoothie

Ananas ist eine fantastische Zutat für grüne Smoothies. Von Natur aus süß und fruchtig, balanciert sie den etwas bitteren Geschmack der grünen Blätter aus.

Die süße Ananas enthält jede Menge Ballaststoffe und Vitamine, die vor Viren und Infektionen schützen. Sie ist vor allem reich an Vitamin C, das für den Aufbau des Bindegewebes sorgt und dem Körper bei der Eisenaufnahme aus der Nahrung hilft. Vitamin C ist außerdem ein Antioxidans, das vor dem schädlichen Einfluss freier Radikaler auf die Körperzellen schützt. Die Ananas enthält das Enzym Bromelain, das sehr effektiv beim Abbau von Proteinen ist, was wiederum die Verdauung erleichtert. Bromelain ist darüber hinaus gut für den Kreislauf und senkt den Blutdruck.

Für 2 Gläser

- 1 reife Aocado
- 150 g Ananas, frisch oder tiefgefroren
- 1 Limette
- 50 g frischer Spinat (oder 50 g Grünkohl)
- 400 ml Wasser

1. Avocado schälen und entsteinen.
2. Frische Ananas schälen, den harten Mittelteil entfernen und die Frucht in kleine Stücke teilen.
3. Limette auspressen.
4. Wasser und Spinat zu einem grünen Drink mixen.
5. Restliche Zutaten dazugeben und zu einem cremigen, süßen Smoothie mixen.

Schwindler-Smoothie

Dieser Smoothie ist blaulila. Der Schein trügt jedoch – er ist so grün, wie ein Smoothie nur sein kann. Nun ja, abgesehen von der Farbe! Oft „verstecke" ich Gemüse in einem Smoothie mit kräftigen Farben. Und bei kleinen Mengen ahnen Skeptiker nicht einmal, dass er „Grünzeug" enthält.

Für 2 Gläser

½ Zitrone

1 Orange

50 g Grünkohl

300 ml Kokoswasser (oder normales Wasser)

1 EL Honig oder Agavendicksaft (nach Belieben)

2 EL Chia-Samen

100 g Ananas, tiefgefroren

200 g Blaubeeren, tiefgefroren

1. Zitrone auspressen und Kerne aussieben, damit der Smoothie nicht bitter wird.
2. Orange schälen und in Stücke schneiden. Kerne entfernen.
3. Grünkohlblätter hacken, die Stängel aussparen.
4. Grünkohl, Kokoswasser und Orange schaumig-grün mixen.
5. Restliche Zutaten bis auf die tiefgefrorenen dazugeben und zu einem glatten Smoothie mixen.
6. Zum Schluss mit den gefrorenen Zutaten zu einem lecker-lila Drink mixen.

Grüner Power-Smoothie

Grünkohl hat den höchsten Vitamingehalt aller Mitglieder der Kohlfamilie (z. B. Brokkoli, Blumenkohl, Weißkohl, Rotkohl und Rosenkohl). Er ist reich an Vitamin C, A, K, B6 und enthält viele Mineralstoffe, darunter Kalzium, Eisen, Kupfer, Mangan, Phosphor und Kalium. Wie alle Kohlgewächse unterstützt Grünkohl die Gesundheit der Darmflora, reinigt das Blut und entgiftet den Körper. Darüber hinaus sagt man ihm in bestimmten Fällen sogar krebshemmende Wirkung nach.

Das Schöne ist, dass es Grünkohl von Oktober bis März gibt, wenn wenig anderes regionales Gemüse im Angebot ist.

Für 2 Gläser

- **60 g Grünkohl, gehackt**
- **1 Birne, entkernt**
- **1 Apfel, entkernt**
- **1 Banane, tiefgefroren**
- **400 ml Apfelsaft oder Wasser (demineralisiert) mit dem Saft einer ½ ausgedrückten Zitrone**
- **Eiswürfel (nach Belieben)**

Alle Zutaten mixen. Soll der Smoothie kälter werden, zum Schluss noch ein paar Eiswürfel in den Mixer geben.

Sprossen-Smoothie

Ein Keim ist der Beginn des Lebens und enthält wertvolle Stoffe wie pflanzliches Eiweiß, ungesättigte Fettsäuren und lebenswichtige Mineralien. Wenn ein Samenkorn wächst, findet ein enormer Zuwachs an lebenswichtigem Vitamin B und E statt. Nach dem Winter sind diese Stoffe zur Steigerung der Immunabwehr und Bekämpfung der Frühjahrsmüdigkeit nützlich. Sprossen sind in Smoothies, Juices, gesundem Salat, auf dem Brot oder in asiatischen Gerichten eine tolle, gesunde Ergänzung und nicht schwer zu ziehen. Man kann zwischen vielen Sorten wählen und im Grunde züchten, was man möchte: Alfalfa, Bockshornklee, Mungobohnen, Weizen, Brokkoli und Radieschen, aber auch Buchweizen, Hirse, Quinoa, Sonnenblumenkerne, Linsen und Chia.

Saatgut gibt es im Bio-Laden. Auf der Rückseite der Tütchen ist die Anzucht beschrieben. Sie variiert zwischen den verschiedenen Samen. Es sind spezielle Gewächshäuser erhältlich, in denen mehrere Sorten gleichzeitig gezogen werden können. Fertige Sprossen halten im Kühlschrank 2–3 Tage.

Für 2 Gläser

- ½ Limette
- 1 Salatgurke
- 1 Birne
- 300 ml Apfelsaft, frisch gepresst
- 200 g frische, milde Sprossen

1. Limette auspressen und Kerne aussieben, damit der Smoothie nicht bitter wird.
2. Gurke und Birne schälen, in Stücke schneiden. Bei Bio-Ware darf die nährstoffreiche Schale mit verarbeitet werden. Bei einem einfacheren Mixer lieber schälen.
3. Alles zu einem hellgrünen Smoothie mixen.

Erste Hilfe in Grün

Die frischen Blätter der Petersilie enthalten unter anderem die Mineralstoffe Eisen, Kalzium, Kalium und Magnesium sowie Vitamine A und C. 5 Gramm Petersilie decken unseren Tagesbedarf an Vitamin A, 30 Gramm Petersilie decken den Tagesbedarf an Vitamin C.

Petersilie wirkt harntreibend, krampflösend, blutdrucksenkend und mindert das Risiko für Herzrhythmusstörungen (Vorhofflimmern). Petersilie regt außerdem den Appetit an und unterstützt den Stoffwechsel. Kauen Sie ein paar Petersilienblätter gegen schlechten Atem oder Knoblauchgeruch.

Für 2 Gläser

- 30 g Blätter glatte Petersilie, gehackt
- 30 g Spinat
- 1–2 TL Ingwer, gerieben
- 2 Kiwi, geschält und grob gehackt
- 3 Birnen, entkernt
- 250 ml Apfelsaft oder Wasser (demineralisiert) mit dem Saft einer ½ ausgedrückten Zitrone
- Eiswürfel (nach Belieben)

Alle Zutaten zu einem herrlich grünen Smoothie mixen. Soll der Smoothie kälter werden, zuletzt noch ein paar Eiswürfel dazumixen.

Mango-Liebe

Das Wort „Mango" leitet sich von dem portugiesischen manga ab. Die Frucht wuchs ursprünglich im Himalaja und in Burma (dem heutigen Myanmar) und wird in Indien schon seit Tausenden von Jahren angebaut. Der Mangobaum wird etwa 35–40 Meter hoch, die Krone kann einen Umfang von 8–12 Metern haben. Nach dem Befruchten der nach Lilien duftenden Blüten dauert es 3–6 Monate, bis die Früchte reif sind. Die Farbe der Schale kann je nach Sorte gelb, orange oder rot sein.

Für 2 Gläser

- 100 g Romana-Salat, gehackt
- 60 g Spinat
- 150 g Mango, tiefgefroren
- 100 g Ananas, tiefgefroren
- 400 ml Apfelsaft oder Wasser (demineralisiert) mit dem Saft einer ½ ausgedrückten Zitrone

Alle Zutaten zu einem herrlich grünen Smoothie mixen.

> **TIPP**
> Wenn der Mixer nicht sehr leistungsstark ist, zuerst Spinat, Salat und Apfelsaft zusammen mixen und die halb aufgetauten Früchte nach und nach dazugeben.

Supergrüner Winter-Smoothie

Für Neulinge in der Smoothie-Welt ist das ein guter Anfang: süßsauer, mild, lecker und schnell gemacht. Ich verwende wahre Massen an Spinat für meine Smoothies, gern auch Babyspinat, weil er nicht so geschmacksintensiv ist.

Für 2 Gläser

- 1 grüner Apfel
- 1 Limette
- 200 ml Kokoswasser
- 200 ml Apfelsaft, frisch gepresst
- 80 g frischer Spinat
- Eis (nach Belieben)

1. Apfel schälen, entkernen und in kleine Stücke schneiden. Bei Äpfeln aus Bio-Anbau kann die Schale mit verarbeitet werden, bei einem einfacheren Mixer sollten sie jedoch geschält werden.
2. Limette auspressen und Kerne aussieben, damit der Smoothie nicht bitter wird.
3. Alles zu einer leckeren, grünen Vitaminbombe mixen.
4. Nach Belieben Eis dazugeben und nochmals mixen.

Grüner Energiekick

Chai ist eine indische Gewürzmischung, die normalerweise als Tee getrunken wird. Die Mischung variiert von Fall zu Fall, enthält aber meist Kardamom, Zimt und Ingwer. Chai-Tee wird üblicherweise mit Milch serviert und oft für einen intensiveren Geschmack zusammen mit der Milch aufgekocht.

Man kann Chai auch selbst mischen: Ich nehme dafür 2 TL Kardamom, 2 TL Zimt, 1 TL Muskatnuss, 1 TL Gewürznelken, 1 TL Ingwer und 1 TL schwarzen Pfeffer. Die Mischung am besten luftdicht und kühl aufbewahren. Ich mahle meine Zutaten selbst in der Kaffeemühle. Je frischer die Mischung, desto intensiver schmecken und duften die Gewürze.

Für 2 Gläser

- 2 Äpfel, Granny Smith
- 60 g Spinat
- 1–2 TL Chai-Gewürzmischung
- 1–2 Datteln, entsteint
- 400 ml Apfelsaft oder Wasser (demineralisiert) mit dem Saft einer ½ ausgedrückten Zitrone
- Eiswürfel (bei frischen Früchten)

Alle Zutaten mixen. Soll der Smoothie kälter werden, zum Schluss noch ein paar Eiswürfel daruntermixen.

TIPP
Wenn der Mixer nicht sehr leistungsstark ist oder die Äpfel nicht aus dem Bioladen sind, besser vorher schälen.

Spinat & Apfel

<u>Für 2 Gläser</u>

100 g frischer Spinat, gewaschen

1 Banane

200 ml frisch gepresster Apfelsaft

Saft von 1 Limette

Eiswürfel

1 EL Spirulina (nach Belieben)

Alle Zutaten zu einem frostigen Smoothie mixen. Nach Belieben Spirulina zugeben.

Gurke & Erbsen

<u>Für 2 Gläser</u>

½ Salatgurke

150 g grüne Erbsen, tiefgekühlt

1 TL Knoblauchpulver oder 1 Knoblauchzehe

2 EL Hanfproteinpulver oder geschälte Samen

2 EL kalt gepresstes Olivenöl

200 ml Wasser

1 Msp. Meersalz

Saft von ½ Limette (nach Belieben)

Die Gurke grob hacken und mit allen Zutaten zu einem glatten Smoothie mixen. Nach Belieben Limettensaft zugeben.

Grüne Proteinbombe

Für 2 Gläser

1 Selleriestange

50 g Babyspinat

3 EL Hanfsamen

3 EL Mandelbutter

3 EL getrocknete Maulbeeren

300 ml Mandelmilch

2 tiefgekühlte Bananen

Den Sellerie grob hacken. Alle Zutaten bis auf die Bananen zu einer glatten Masse mixen. Zuletzt die Bananen zugeben und zu einem cremigen Smoothie mixen.

Melone, Ananas & Spinat

Für 2 Gläser

½ Honigmelone

1 Banane

100 g tiefgekühlte Ananas

1 El geschälte Hanfsamen oder Hanfproteinpulver

50 g Spinat

100 ml Wasser

Die Melone schälen, die Kerne entfernen und das Fruchtfleisch grob hacken. Alle Zutaten zu einem glatten Smoothie mixen.

Smoothies mit Milchprodukten

In diesem Kapitel finden Sie unglaublich leckere und cremige Smoothies, die ich gern mit Beeren und anderen Superfoods mische. Verwenden Sie – wenn möglich – natürliche probiotische Joghurts, um Ihren Magen glücklich zu machen. Jedes Milchprodukt ist leicht gegen Soja, Mandeln, Kokosnüsse oder andere pflanzliche Joghurts oder Kefir auszutauschen.

Diese Rezepte sind perfekt für Smoothie-Anfänger geeignet. Weil sie oft süß und mild sind, werden auch Kinder sie mögen. Ich liebe natürlichen probiotischen griechischen Vollfett-Joghurt und gebe zwei Löffel davon in einen Smoothie, wenn ich mehr Hunger habe.

Maqui-Heidelbeeren-Kefir

Maquibeeren kommen ursprünglich aus Patagonien (im Süden Chiles). Sie stehen auf der sogenannten ORAC-Liste, die den antioxidativen Effekt von Lebensmitteln aufzeigt, ganz weit oben. Maquibeeren enthalten viermal so viele Antioxidantien wie Heidelbeeren und doppelt so viele wie Açai-Beeren. Dadurch sind sie eine wirksame Waffe gegen freie Radikale, schützen den Körper gegen oxidativen Stress und schützen vor vorzeitigem Altern. Die Antioxidantien stärken das Immunsystem, wirken entzündungshemmend und regulieren den Blutzuckerhaushalt. Maquibeeren sind außerdem sehr reich an Flavonoiden, Polyphenolen, Vitamin A, C und E sowie den Mineralstoffen Kalzium, Eisen und Kalium.

Für 2 Gläser

- 1 Banane, tiefgefroren
- 250 g Heidelbeeren
- 2 EL Ahornsirup
- 1 TL Zimt, gemahlen
- 2 TL Maquibeerenpulver
- 400 ml Kefir mit Bakterienkulturen

Alle Zutaten zu einem glatten Smoothie mixen.

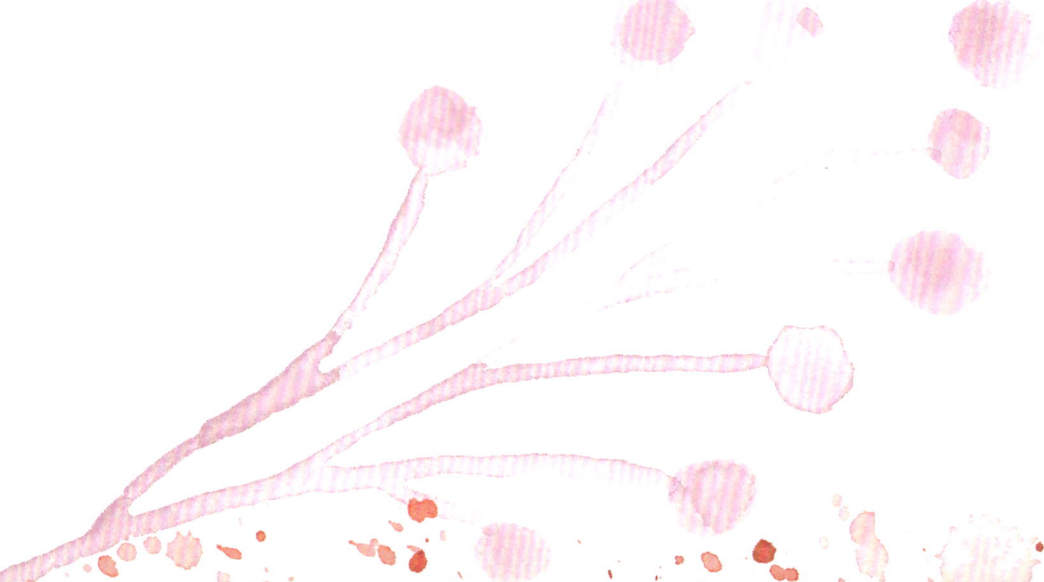

Rosaroter Donner

Angeblich soll eine einzige Sanddornbeere soviel Vitamin C enthalten wie eine einzige Orange. In Wirklichkeit variiert der Vitamin-C-Gehalt jedoch je nach Sorte und Reife zwischen 100 und 1300 Milligramm per 100 Gramm Beeren. Sanddorn enthält das für das Wachstum so wichtige Vitamin B12 (besonders wichtig für Vegetarier), außerdem B1, B2, B3 (Niacin), B6, B9 (Folsäure), Pantotensäure, Bioten und Vitamin E und K.

Sanddorn ist eigentlich ein Wildstrauch, doch in den letzten Jahren ist es gelungen, ihn auch kommerziell anzubauen, besonders in Nord- und Osteuropa, Asien, USA und Kanada. Er ist heterozygot, d. h. die Pflanzen sind entweder weiblich oder männlich. Die weiblichen Blüten produzieren die Beeren, müssen jedoch zuvor von einer männlichen Blüte befruchtet werden. Manchmal entwickeln sich auch Beeren aus den männlichen Blüten, dann jedoch in geringem Umfang. Da die Bestäubung durch den Wind erfolgt, reicht es aus, männliche und weibliche Sträucher zusammen anzupflanzen.

Für 2 Gläser

- 2–3 TL Sanddornpulver (oder 50 g frische oder tiefgefrorene Beeren)
- 200 g Himbeeren, tiefgefroren
- 200 g Wassermelonen, in Würfeln
- 250 ml Kefir oder griechischer Joghurt mit Bakterienkulturen
- 1–2 TL Honig

Alle Zutaten zu einem glatten Smoothie mixen.

TIPP
Wenn der Mixer nicht sehr leistungsstark ist, die Beeren vorher etwas auftauen lassen.

Göttlicher Erdbeer-Smoothie

125 Gramm Erdbeeren enthalten die empfohlene Tagesdosis von Vitamin C und ein Drittel der Dosis des B-Vitamins Folat oder Folsäure. Sie sind außerdem reich an Ballast- und Mineralstoffen wie Kalium, Eisen und Zink sowie an Antioxidantien.

Für 2 Gläser

- 2 TL Basilikum, gehackt
- 300 g Erdbeeren, frisch oder tiefgefroren
- 1–2 Medjool-Datteln, entsteint
- 250 ml Kefir mit Bakterienkulturen
- Eiswürfel (nach Belieben)

Alle Zutaten zu einem schaumigen Smoothie mixen. Wenn frische Erdbeeren verwendet werden, zum Schluss Eiswürfel dazugeben.

Kumquat-Mango-Smoothie

Die Kumquat ist eine Zitrusfrucht, die ursprünglich aus China stammt. Der Name der Frucht bedeutet Goldorange. Die Kumquatpflanze wächst als Busch oder kleiner Baum. Die Frucht ist oval oder rund und klein wie eine Walnuss, etwa 3–5 cm lang mit einem Durchmesser von 2–4 Zentimetern. Sie hat eine dünne, orangefarbene, süße Schale und süßes Fruchtfleisch, das in 4–5 Segmente aufgeteilt ist, die schwer zu trennen sind.

Für 2 Gläser

- 100 ml Mandelmilch, ungesüßt
- 350 ml Vanillejoghurt mit Bakterienkulturen
- 10–12 Kumquats
- 1 TL Vanilleextrakt
- ½ TL Zimt, gemahlen
- 1 Prise Muskatnuss, frisch gerieben
- 1 EL Honig
- 100 g Mango, tiefgefroren

Garnierung:
frisch geriebene Muskatnuss

1. Alle Zutaten zu einem goldgelben, cremigen Smoothie mixen.
2. Mit etwas frisch geriebener Muskatnuss bestreuen und mit Strohhalm servieren.

Skandinavische Love Story

Preiselbeeren wachsen in Skandinavien überall wild. Obwohl die Büsche immergrün sind, halten sie im Winter Temperaturen von bis zu minus 40 °C stand. Preiselbeeren kann man unter den richtigen Bedingungen aber auch im Garten kultivieren.

Preiselbeeren enthalten viel Vitamin A, B und C sowie die Mineralstoffe Kalium, Kalzium, Phosphor und Eisen. Durch ihre antibakterielle Wirkung sind sie, wie auch Cranberrys, gut gegen Harnwegsinfektionen. Preiselbeeren können auch bei Magengeschwüren und Zahnfleischentzündungen helfen. Früher galten Preiselbeeren als fiebersenkendes Heilmittel.

Für 2 Gläser

- **400 ml Kefir oder griechischer Joghurt mit Bakterienkulturen**
- **200 g Preiselbeeren, tiefgefroren**
- **1 TL Zimt**
- **½ TL Kardamom**
- **2–3 EL Honig**
- **1 TL Pollen**

Alle Zutaten zu einem traumhaften rosa Smoothie mixen.

Heidelbeeren-Lavendel-Genuss

Lavendel wirkt krampflösend, harntreibend und hilft bei Durchfall und anderen Magen-Darm-Beschwerden. Er ist außerdem ein wirksames Wundheilmittel. Durch seine durchblutungsfördernde Wirkung soll er bei Hexenschuss und anderen Muskelschmerzen sowie bei Rheuma helfen. Das ätherische Öl wirkt antiseptisch, beruhigend und lindernd bei Insektenstichenn und leichten Verbrennungen. Bei Kopfschmerzen können ein Paar Tropfen Lavendelöl auf den Schläfen für Linderung sorgen. 6 Tropfen Öl im Badewasser wirken beruhigend und schlaffördernd bei Kindern.

Getrocknete Lavendelblüten (im Duftkissen oder als Tee) helfen bei Migräne, innerer Unruhe und Schwindelgefühlen. 2 Teelöffel Lavendelblüten mit 200 ml kochendem Wasser übergießen und den Tee 5 Minuten ziehen lassen. Lavendeltee hält sich in einer Glasflasche bis zu einer Woche im Kühlschrank.

Für 2 Gläser

250 ml Lavendeltee, gekühlt

2 EL Chia-Samen

250 ml griechischer Joghurt mit Bakterienkulturen

200 g Heidelbeeren

1–2 Medjool-Datteln, entsteint

1. Den Tee aufbrühen und abkühlen lassen.
2. Die Chia-Samen in dem kalten Tee 10–15 Minuten einweichen.
3. Alle Zutaten zu einem herrlichen Smoothie mischen.

Minziger Mango-Lassi

Ich liebe Lassi! Das erfrischende Getränk auf Kefirbasis stammt ursprünglich aus dem Punjab, einer Region in Indien und Pakistan. Je nach Rezept kommen noch verschiedene Früchte und Gewürze hinzu, zum Beispiel Ingwer, Zimt, Muskatnuss, Chili, Spitzkümmel oder Koriander. Man kann für einen Lassi eigentlich fast jede Art von Früchten und Beeren verwenden.

Minze ist ebenfalls eine traditionelle Zutat, sie gibt dem Lassi den charakteristischen aromatischen Duft und Geschmack. Normalerweise verwendet man Pfefferminze oder Krausminze. Minze wirkt antibakteriell, krampflösend, entzündungshemmend, kühlend und beruhigend und unterstützt den Stoffwechsel. Sie ist eine dankbare und anspruchslose Pflanze und breitet sich sehr rasch im Kräutergarten aus!

Für 2 Gläser

- 400 ml Kefir oder Joghurt, natur mit Bakterienkulturen
- 200 g Mango, gefroren
- 3–4 TL Minze, gehackt
- ½ TL Zimt
- ½ TL Kardamom
- 1 Prise Muskatnuss
- ½ TL Ingwerpulver

Alle Zutaten zu einem herrlich erfrischenden, leicht schaumigen Getränk mixen.

TIPP
Wenn der Mixer nicht sehr leistungsstark ist, die Mango vorher etwas auftauen lassen.

Zaubertrank

Banane ist ein perfektes Süßungsmittel für Smoothies. Wenn Bio-Bananen gerade im Angebot sind, weil sie schon etwas überreif sind und ein paar kleine schwarze Sprenkel auf der Schale haben, kaufe ich sie gern in größeren Mengen und friere sie ein, denn sie geben den Smoothies eine feine, cremige Konsistenz. Die Bananen schälen und in Scheiben schneiden, auf ein Backblech verteilen und in den Gefrierschrank stellen. Anschließend kommen sie in eine verschließbare Plastiktüte. Dort halten sie sich etwa sechs Monate. Nicht vergessen, das Datum auf die Tüte zu schreiben!

Für 2 Gläser

- 2 TL Chia-Samen
- 150 ml Apfelsaft oder Wasser (demineralisiert) mit dem Saft einer ½ ausgedrückten Zitrone
- 150 g Himbeeren
- 150 Erdbeeren
- 1 Banane, tiefgefroren
- 300 ml Kefir mit Bakterienkulturen
- 1–2 Medjool-Datteln, entsteint
- Eiswürfel (nach Belieben)

1. Die Chia-Samen 10–15 Minuten in dem Apfelsaft oder Zitronenwasser einweichen.
2. Alle Zutaten zu einem traumhaft cremigen Smoothie mixen!
3. Soll der Smoothie kälter werden, zum Schluss noch ein paar Eiswürfel mitmixen.

Im Heidelbeer-Himmel

Skandinavische Heidelbeeren mit Vanille und griechischem Joghurt war jahrelang einer meiner Lieblings-Smoothies, den ich mir oft zum Frühstück gemacht habe. Bienenpollen und Hanfsamen verstärken noch den Nährgehalt.

Für 2 Gläser

- 150 g Heidelbeeren, tiefgefroren
- 350 ml griechischer Joghurt mit Bakterienkulturen
- 1 TL Vanillepulver oder Vanilleextrakt
- 2 TL Naturhonig
- 1 TL Pollen
- 2 TL Hanfsamen, geschält

Alle Zutaten zu einem glatten Smoothie mixen. Wenn Sie frische Beeren verwenden, zum Schluss ein paar Eiswürfel dazumixen.

Rote-Bete-Bucha

Schwarze Johannisbeeren enthalten viele Ballaststoffe, Antioxidantien, Vitamin A, C, und K und Folsäure. Die Kerne enthalten Gammalinolensäure, Vitamin E und wichtige mehrfach gesättigte Fettsäuren, die unter anderem cholesterinsenkend wirken. Am wirksamsten sind zerstoßene Samen oder Samenpulver.

Für 2 Gläser

- 100 g Schwarze Johannisbeeren, tiefgefroren
- 50 g Heidelbeeren, tiefgefroren
- 50 g Brombeeren, tiefgefroren
- 50 g Himbeeren, tiefgefroren
- 1 TL Zimt
- 400 ml Kefir oder griechischer Joghurt mit Bakterienkulturen
- 1 EL Leinöl oder Hanfsamenöl, kaltgepresst
- 1 Rote Bete, gekocht
- 2 TL Hanfsamen, geschält
- 1–2 Medjool-Datteln, entsteint

Alle Zutaten zu einem glatten Smoothie mixen.

Pink-Power-Smoothie

Leiden Sie nach einem langen Winter unter Frühjahrsmüdigkeit? Dann brauchen Sie bestimmt Vitamine, Mineralstoffe und Antioxidantien. Dieser Smoothie bietet eine perfekte Mischung!

Wenn Sie weder Zeit noch Lust haben, Rote Bete im Ofen selbst zuzubereiten, gibt es in vielen Geschäften vakuumverpackte fertig gekochte.

Für 2 Gläser

- 200 ml griechischer Joghurt mit Bakterienkulturen
- 1 EL Honig
- 2 kleine Rote Bete, im Ofen vorgekocht
- 1 Banane
- 150 g Erdbeeren, tiefgefroren
- 1 TL Vanilleextrakt
- 1–2 TL Honig (nach Belieben)

Alles zu einem dunkelrosa, schaumigen Drink mixen.

Brombeeren-Bombe

Eine Handvoll Brombeeren enthält beinahe die Hälfte des menschlichen Tagesbedarfs an Ballaststoffen. Diese halten den Darm in Gang, fördern den Stoffwechsel und regulieren den Blutzuckerhaushalt. Brombeeren sind eine gute Quelle von Vitamin C und E, Kalium, Mangan, Magnesium, Eisen sowie Vitamin K, das die Aufnahme von Kalzium in den Körper unterstützt.

Für 2 Gläser

- 2 TL Leinsamen
- 150 ml Apfelsaft, frisch gepresst
- 250 ml Kefir oder griechischer Joghurt mit Bakterienkulturen
- 250 g Brombeeren, tiefgefroren
- 1 TL Chagapulver (nach Belieben)
- ½ TL Vanillepulver oder -extrakt

Die Leinsamen 10–15 Minuten in dem Apfelsaft einweichen. Dann alle Zutaten zu einem lecker-sämigen Smoothie mixen.

Smoothies fürs Workout und als Mahlzeitenersatz

In diesem Kapitel finden Sie eher sättigende Smoothies, die sich perfekt als Mahlzeitenersatz eignen oder wenn Sie trainieren und zusätzliche Energie brauchen. Fast alle Rezepte sind etwas höher in der Proteinmenge als üblich. Wenn Sie mehr veganes Protein hinzufügen möchten, lesen Sie mehr darüber auf Seite 45. Kinder lieben diese Smoothies!

Ich mache mindestens viermal pro Woche Hatha-Yoga und zweimal Workouts, um meinen Körper fit und meinen Geist glücklich zu machen, aber Meditation ist die wichtigste Übung (nach meinen Smoothies natürlich!), die mich erdet und mir Energie gibt. Ich kann es Ihnen nur empfehlen. Es ist ein unglaubliches Gefühl, wenn Sie Ihre eigene Kraft spüren! Sie brauchen keine Hilfsmittel und kaum Vorkenntnisse. Seien Sie einfach Sie selbst. Beobachten Sie Ihren Geist, Ihre Gedanken und lernen Sie, sich an keinen von ihnen zu binden. Schließen Sie die Augen. Entspannen Sie sich. Hören Sie auf Ihre innere Stimme, die Sie immer leitet.

Zeit im Freien zu verbringen, ist eine hervorragende Möglichkeit, sich der Natur zu nähern und sich etwas Bewegung zu verschaffen. Auch Kinder mögen es. Meine vierjährige Tochter liebt es, mit mir Wandertouren zu machen. Ich muss sie zwar die Hälfte der Zeit tragen, was eine zusätzliche 20-Kilo-Belastung für mich bedeutet. Dennoch genießen wir es, einen ganzen Tag nur in Wäldern und Bergen zu verbringen und einfach miteinander zu sein, die Schönheit der Natur zu beobachten, Yoga und Meditation in der Wildnis zu machen, uns mit der Natur und uns selbst zu verbinden. Wir krönen unser Picknick immer mit absolut köstlichen Energieriegeln und Smoothies, die ich zusammen mit Jasmine vorbereitet habe. Meine geliebte Tochter liebt all diese cremigen, nussigen Smoothies aus diesem Kapitel, die uns so viel Energie geben, unsere Touren zu genießen.

Superpower-Avocado-Schokolade

Avocados stecken randvoll mit nützlichen Fetten, sollen Falten vorbeugen und die Hirnkapazität erhöhen. Die Frucht gilt als Aphrodisiakum. Außer ihrer möglicherweise potenzsteigernden Wirkung und der gesunden, einfach ungesättigten Fette enthält die Avocado auch viele Nährstoffe, die gut sind für Blut, Leber, Herz, Haut und Haare. Sie enthält viel Vitamin E für zarte, geschmeidige und gesunde Haut. Dem Haar verleiht sie zusätzlichen Glanz. Auch der Kaliumgehalt ist hoch, das hilft bei der Regulierung des Blutdrucks und ist gut für die Muskeln. In der Avocado sind reichlich Ballaststoffe, Folsäure, Vitamin A, B und C sowie Magnesium enthalten.

Für 2 Gläser

3 EL Kokosflocken, ungesüßt

300 ml Mandelmilch

1 reife Avocado

20 g frischer Babyspinat

2–3 Datteln, am besten Medjool

1 EL Hanfsamen

3 EL Kokosmilch

1 EL Kokosöl, roh

2 EL Kakao, roh

1–2 EL veganes Proteinpulver (nach Belieben)

1 TL Bienenpollen (nach Belieben)

Eis (nach Belieben)

Garnierung:
Kakao-Nibs und Bienenpollen

1. Für einen glatteren Smoothie weichen Sie die Kokosflocken kurz in Mandelmilch ein, während Sie den Smoothie vorbereiten.
2. Avocado schälen und entkernen.
3. Alle Zutaten in der Reihenfolge der Zutatenliste in den Mixer geben. Zu einem cremigen Smoothie mixen.
4. Nach Belieben Eis dazugeben und mixen.
5. In ein Glas geben, mit Kakao-Nibs und Bienenpollen bestreuen.

Scharfer Rote-Bete-Smoothie

Sie werfen doch hoffentlich nicht das Beste an der Roten Bete in den Abfall!? Die meisten Nährstoffe sitzen nämlich in den krautigen Blättern! Wenn Sie Rote Bete aus biologischem Anbau gekauft oder sogar selbst welche im Garten haben, sollten Sie das Grün unbedingt für dieses leckere Detoxgetränk verwenden. Bitten sie Ihren Gemüsehändler doch in Zukunft, die Blätter nicht abzuschneiden.

Das Rote-Bete-Kraut erinnert im Aussehen und Geschmack ein wenig an Mangold.

Für 2 Gläser

- 400 g Rote Bete, gekocht
- 1 Prise Cayennepfeffer
- ½ TL Himalajasalz
- 1 EL Olivenöl, extra vergine
- 1–2 Knoblauchzehen
- 1–2 EL veganes Proteinpulver (nach Belieben)
- 250 ml Apfelsaft oder Wasser (demineralisiert) mit dem Saft einer ½ ausgedrückten Zitrone

Alle Zutaten zu einem wunderbar roten Smoothie mixen.

Blaubeeren-Vanille-Superfood-Smoothie

Blaubeeren enthalten Antioxidantien und werden manchmal als Superbeeren bezeichnet. Sie sind gut für Haut, Sehkraft, Nachtsicht und beugen Grünem Star vor. Blaubeeren sollen gut für den Blutkreislauf in den Beinen sein und Krampfadern, Entzündungen, Blutgerinnseln, hohem Blutdruck und dem schlechten LDL-Cholesterin vorbeugen. Die Beeren sind auch für Diabetiker nützlich, da sie den Blutzucker regulieren. Blaubeeren helfen außerdem bei Harnwegsinfektionen und Diarrhoe.

Wilde Blaubeeren sind besonders gut geeignet und enthalten viele Flavonoide, Carotin, Vitamin C, B6 und Magnesium.

Für 2 Gläser

- 1–2 Datteln, am besten Medjool
- 400 ml Vanillejoghurt mit Bakterienkulturen
- 200 g Blaubeeren, tiefgefroren
- 1 EL Chia-Samen
- 1 EL Leinsamen
- 1 EL Hanfsamen
- 1 EL Sesamsamen
- 1–2 EL veganes Proteinpulver (nach Belieben)
- 1 TL Vanilleextrakt (nach Belieben)
- 1 EL Leinsamenöl, kaltgepresst

1. Datteln entkernen.
2. Alles zu einem cremigen, ballaststoffreichen Smoothie mixen.

Brombeeren, Leinsamen & Mandeln

Leinsamen sind unerhört nahrhaft. Sie enthalten unter anderem B-Vitamine und Mineralstoffe wie Eisen, Phosphor, Kalium, Kalzium, Zink und Magnesium. Ebenso wie die Samen der Kapstachelbeere bilden Leinsamen eine lindernde und verdauungsfördernde Geleeschicht im Magen. Man bekommt Leinsamen im Ganzen oder geschrotet; besonders bei geschroteten Leinsamen sollte man die tägliche Dosis von 2 EL nicht überschreiten.

Für 2 Gläser

200 g tiefgekühlte Brombeeren

300 ml Mandelmilch

2 EL Mandelbutter

2 EL Leinsamen

2 EL Kürbiskerne

1–2 EL veganes Proteinpulver (nach Belieben)

1 EL echter Vanillezucker (nach Belieben)

Süßungsmittel (nach Belieben)

Alle Zutaten zu einem cremigen Smoothie mixen.

Birnen-Hafer-Smoothie mit Ahornsirup

Birnen enthalten doppelt so viel Ballaststoffe wie Äpfel, sind aber nicht so lange haltbar. Birnen sollten Sie unreif kaufen und vor Verwendung einige Tage im Kühlschrank lagern. Zur Beschleunigung des Reifungsprozesses können sie zusammen mit einem Apfel in einer Papiertüte aufbewahrt werden. Äpfel sondern nämlich Ethylen ab, das die Reifung anderer Früchte fördert.

Für 2 Gläser

- **300 ml Hafermilch**
- **150 ml griechischer Joghurt mit Bakterienkulturen**
- **2 reife Birnen**
- **½–1 TL Zimt**
- **2 EL Haferflocken (bei Bedarf glutenfrei)**
- **2 EL Ahornsirup**
- **1–2 EL veganes Proteinpulver (nach Belieben)**
- **Einige Eiswürfel**

1. Birnen schälen, entkernen und in kleine Stücke schneiden. Bei Bio-Birnen die nährstoffreiche Schale mit verarbeiten.
2. Alles bis auf das Eis mixen.
3. Zum Schluss für einen eiskalten Smoothie Eiswürfel dazugeben.

Superbeeriger Bete-Smoothie

Für 2 Gläser

- 1 Rote Bete, vorgekocht
- 2–3 Datteln, am besten Medjool
- 200 ml Apfelsaft, frisch gepresst
- 100 ml Wasser
- 1 EL Chia-Samen
- 1–2 EL veganes Proteinpulver (nach Belieben)
- 50 g Kirschen, tiefgefroren
- 50 g schwarze Johannisbeeren, tiefgefroren
- 50 g Blaubeeren, tiefgefroren
- 50 g Himbeeren, tiefgefroren
- 50 g Brombeeren, tiefgefroren

1. Vorgekochte Rote Bete nach Belieben schälen und harte Stellen entfernen.
2. Datteln entkernen.
3. Alles zu einer dunklen, antioxidantienreichen Vitaminbombe mixen. Bei einfacheren Mixern sollten die Obststücke vor dem Mixen leicht angetaut sein.
4. Mit Beeren garnieren und mit Strohhalm servieren.

TIPP

Eine Handvoll nährstoffreichen Spinat dazugeben. Er verändert die Farbe, nicht aber den Geschmack.

Pekannüsse, Datteln & Kokoswasser

Kokoswasser – die Flüssigkeit im Inneren einer noch unreifen Kokosnuss – ist inzwischen sehr beliebt als Nahrungszusatz, vor allem als Aufbaustoff nach dem Sport oder als Smoothie-Zutat. Es besteht zu 95 Prozent aus Wasser; die restlichen 5 Prozent sind Nähr- und Mineralstoffe wie Vitamin B, C, Phosphor, Kalzium und Zink. Daneben ist Kokoswasser besonders reich an Kalium und wird auch gern als natürliches Sportgetränk bezeichnet.

Kokoswasser sollte nicht mit Kokosmilch verwechselt werden, die aus reifem Nussfleisch hergestellt wird. Man kann Kokoswasser auch wunderbar als Eiswürfel einfrieren.

Für 2 Gläser

- 50 g Pekannüsse
- 7–8 Datteln ohne Kerne
- 1 Banane
- 1 EL Chia-Samen
- 200 ml Mandelmilch
- 1–2 EL veganes Proteinpulver (nach Belieben)
- 2 EL Kakao-Nibs
- 200 ml Kokoswasser, tiefgekühlt

1. Alle Zutaten außer den Kakao-Nibs zu einer cremigen Konsistenz mixen.
2. Kakao-Nibs und Kokoswasser zugeben und zu einem frostigen Smoothie mixen.

Kürbis-Cashew-Smoothie mit Zimt

Fruchtfleisch und Kürbiskerne enthalten Antioxidantien, Vitamine und Mineralien. Das Fruchtfleisch ist reich an Alpha- und Betacarotin, Kalzium, Kalium, Eisen, Magnesium und enthält die Vitamine A, C und E. Vitamin C ist für die Stärkung der Immunabwehr bekannt und verhütet Herz- und Gefäßerkrankungen. Mit den Carotinioden schützt Vitamin E vor Sonnenschädigungen und hält die Haut gesund.

Kerne von Bio-Kürbissen sollten Sie nicht wegwerfen! Sie enthalten viele wichtige Nährstoffe wie Vitamin E, Eisen, Magnesium, Kalium, Zink und essenzielle Fettsäuren.

Für 2 Gläser

- 2 Datteln, am besten Medjool
- 2 Orangen
- 300 ml Cashewmilch
- 1 EL Chia-Samen
- 1 EL Bienenpollen
- 1 TL Zimt, gemahlen
- 1 Prise Sternanis, gemahlen
- ½ TL Vanilleextrakt
- 1 Banane, tiefgefroren
- 100 g Kürbispüree, frisch oder als gefrorene Würfel
- 1–2 EL veganes Proteinpulver (nach Belieben)

1. Datteln entkernen.
2. Orangen auspressen.
3. Alles zu einem nährstoffreichen Smoothie mixen.

Mandel-Quinoa-Frühstücks-Smoothie

Quinoa ist eine Pflanze aus Südamerika. Es gibt sie in vielen Farben und Größen, meist ist sie weiß, rot oder schwarz, aber auch blaue Varianten sind erhältlich. Sie ist sehr gesund, da sie viel hochqualitatives Protein, gute Fette wie Omega 3, Zink, Kalzium, Vitamin B, Eisen, Vitamin E und Phosphor enthält. Die Früchte enthalten auch Magnesium, gut gegen Migräne und Herzerkrankungen, sowie jede Menge Antioxidantien mit vielen Vorteilen für die Gesundheit.

Weil Quinoa eine gute, glutenfreie Smoothie-Zutat ist und die Konsistenz cremig macht, koche ich sie vor und lagere die Portionen in kleinen Behältern im Gefrierschrank. Sie können die Früchte auch über Nacht in Wasser einweichen und ungekocht in Smoothies verwenden.

Für 2 Gläser

- 3 EL Rosinen, Bio-Ware
- 400 ml Mandelmilch, ungesüßt
- 2 EL Mandelbutter
- 2 EL Kokosöl
- 100 g Quinoa, gekocht
- 1 Möhre, gerieben
- 1–2 EL veganes Proteinpulver (nach Belieben)
- 2 EL Kokosflocken, ungesüßt
- 1 EL Chia-Samen
- 2 Prisen Zimt, gemahlen
- 1 Prise Ingwerpulver
- 1 Prise Muskatnuss, gerieben
- 100 g Ananas, tiefgefroren
- 1 Banane, tiefgefroren
- Eis (nach Belieben)

Garnierung:
- Rosinen
- Mandelstifte
- Chia-Samen

1. Rosinen 10 Minuten oder über Nacht im Kühlschrank in Mandelmilch einweichen.
2. Alles zu einem leckeren Frühstücks-Smoothie mixen.
3. Mit Rosinen, Mandelstiften und Chia-Samen garnieren.

Mandarinen-Vanille-Mandel-Smoothie

Worin unterscheiden sich Clementinen, Mandarinen, Tangerinen und Satsumas?

Clementinen haben eine orangfarbene Schale, die dicker ist als die der Satsumas. Sie sind fast immer kernlos. Der Geschmack ist süß und erfrischend. Sie werden von November bis März aus Marokko und Spanien importiert. Ursprünglich ist die Clementine eine Kreuzung zwischen Mandarine und Pomeranze. Sie wird unter den kleinen Zitrusfrüchten am häufigsten verzehrt.

Satsumas sind orange und zeigen oft grüne Verfärbungen, auch wenn sie reif sind. Die Schale ist dünner als die der Clementine. Auch sie sind fast immer kernlos. Satsumas sind mild und süßsauer. Ursprünglich stammen sie aus der japanischen Provinz Satsuma.

Tangerinen erhielten ihren Namen nach der marokkanischen Stadt Tanger. Von dort gelangten sie zuerst nach Europa. Sie haben eine tief orangerote Schale.

Mandarinen sind gelb bis hellorange, haben eine dünne Schale und viele Kerne. Der Geschmack ähnelt dem von Clementinen, ist jedoch intensiver und süßer.

Für 2 Gläser

- 6 Mandarinen (oder andere kleine Zitrusfrüchte)
- 1–2 Datteln, am besten Medjool
- 200 ml Mandelmilch, ungesüßt
- 2 EL Mandelbutter
- 1–2 EL veganes Proteinpulver (nach Belieben)
- 1 Banane, tiefgefroren
- 1 TL Vanilleextrakt

1. Mandarinen auspressen, Kerne nach Belieben aussieben.
2. Datteln entkernen.
3. Alle Zutaten in den Mixer geben und zu einem fluffigen, schaumigen Smoothie mixen.

Mango-Chai-Smoothie

Dieser Smoothie enthält indischen Chai und Mango-Lassi. Ich liebe beides und finde die Kombination wunderbar. Eine Chai-Kräutermischung kann man leicht selbst herstellen. Würzig und aromatisch unterstreicht sie den süßen Mangogeschmack. Wenn Sie keine eigene Kräutermischung zusammenstellen möchten, können Sie fertige kaufen.

Für 2 Gläser

- **250 ml Mandelmilch, ungesüßt (oder Milch nach Wahl)**
- **300 ml Joghurt, natur mit Bakterienkulturen**
- **200 g Mango, tiefgefroren**
- **1–2 TL Chai-Kräutermischung**
- **1 EL Chia-Samen**
- **1–2 EL veganes Proteinpulver (nach Belieben)**

1. Alle Zutaten in der Reihenfolge der Zutatenliste in den Mixer geben.
2. Auf höchster Stufe zu einem cremigen, fluffigen Gold-Smoothie mixen.

Chai-Mix

2 TL Kardamom, gemahlen
2 TL Zimt, gemahlen
1 TL Muskatnuss, frisch gerieben
1 TL Nelken, gemahlen
1 TL Ingwer, gemahlen
1 TL schwarzer Pfeffer, gemahlen

Erdbeeren-Mandeln-Kakao-Smoothie

Dieser Smoothie steckt voller Proteine, ist vegan und glutenfrei. Er schmeckt wie ein Erdbeer-Schoko-Milchshake. Guten Appetit!

Für 2 Gläser

- 300 ml Mandelmilch, ungesüßt
- 1 EL Kakaopulver, roh
- 2 EL Mandelbutter
- 1 EL Chia-Samen
- 1 EL Hanfsamen
- 1 TL Vanilleextrakt
- 1–2 EL veganes Proteinpulver (nach Belieben)
- 1 EL Honig (nach Belieben)
- 1 Banane, tiefgefroren
- 100 g Erdbeeren, tiefgefroren

Garnierung:

- 1 TL gehackte Mandeln
- 1 TL Kakao-Nibs

Alle Zutaten in der Reihenfolge der Zutatenliste in den Mixer geben und zu einem cremigen Smoothie mixen.

Pflaumen-Feigen-Quinoa-Smoothie

Dieser tolle, ballaststoffreiche Smoothie hält Sie garantiert bis zum Mittag satt. In meinem Garten steht ein Pflaumenbaum. Zur Erntezeit entkerne und viertele ich die Früchte, die ich nicht sofort esse, und friere sie dann ein. Perfekte Portionen für einen guten Smoothie, hausgemachte Marmelade oder leckeres Gebäck.

Pflaumen enthalten u. a. viel Vitamin C, Kalium, Ballaststoffe und Antioxidantien. Pflaumen werden traditionell gegen Verstopfung angewendet. Vor allem die Ballaststoffe und der hohe Gehalt am Zuckeralkohol Sorbitol beschleunigen die Verdauung.

Pflaumen und Vanille sind eine ideale Kombination. Zimt erhöht das Geschmackserlebnis zusätzlich.

Für 2 Gläser

- 4 Feigen, getrocknet
- 200 ml Mandelmilch
- 3 EL Kokosmilch
- 1 EL Chia-Samen
- 85 g Quinoa, gekocht
- 2 EL Hanfsamen
- 1 TL Vanilleextrakt
- 1 TL Zimt, gemahlen
- 1–2 EL veganes Proteinpulver (nach Belieben)
- 150 g Pflaumen, tiefgefroren
- 1 Banane, tiefgefroren

1. Feigen in der Mandelmilch einweichen, am besten über Nacht.
2. Alles zu einem köstlichen, hellvioletten Smoothie mixen.

TIPP
Wenn Sie keine tiefgefrorenen Pflaumen bekommen können, nehmen Sie getrocknete. Diese müssen dann einige Stunden zusammen mit den Feigen eingeweicht werden.

Blaubeeren, Hafer & Vanille

Fertig gekaufte Hafermilch besteht aus einer gemahlenen Hafer- und Wassermischung. Unlösliche Pflanzenfasern werden entfernt, um der Mischung eine milchartige Konsistenz zu geben, der Rest wird homogenisiert. In einem der Produktionsschritte wird die Hafermilch mit einigen natürlich vorkommenden Enzymen angereichert. Nach dem Rezept auf Seite 47 kann man kleinere Mengen sehr gut selbst herstellen.

Für 2 Gläser

- 200 g Blaubeeren, tiefgekühlt oder frisch
- 5 Datteln ohne Kerne
- 2 EL Chia-Samen
- 400 ml Hafermilch
- 1 TL Vanille-Extrakt
- 1-2 EL veganes Proteinpulver (nach Belieben)

Alle Zutaten zu einem glatten Smoothie mixen. Mit Blaubeeren garniert in hohen Gläsern servieren.

Goji-Orangen-Smoothie

Goji-Beeren haben sich als eines der nährstoffreichsten Nahrungsmittel weltweit erwiesen. Die Beere ist einzigartig, da sie u. a. 18 verschiedene Aminosäuren enthält, davon sieben lebensnotwendige. Außerdem steckt die Goji-Beere randvoll mit wichtigen Mineralien wie Eisen, Kalium, Zink, Selen, Kupfer, Kalzium, Germanium und Phosphor. Zudem ist sie reich an Vitamin B1, B2, B6 und E.

Wussten Sie, dass Goji-Beeren 500-mal mehr Vitamin C enthalten als Apfelsinen, dreimal mehr als Spinat und fünfmal mehr Antioxidantien als Kirschen?

Goji-Beeren können getrocknet gegessen oder als Saft getrunken werden.

Für 2 Gläser

- 4 EL Goji-Beeren
- 300 ml Kokoswasser
- 2 Limetten
- 2 Orangen
- 1 EL Hanfsamen
- 1 EL Chia-Samen
- ½–1 TL frisch geriebene Kurkuma (nach Belieben)
- 2 EL Honig oder Agavendicksaft
- 1 Banane, tiefgefroren
- 1–2 EL veganes Proteinpulver (nach Belieben)
- Eis (nach Belieben)

1. Goji-Beeren für 10 Minuten im Kokoswasser einweichen.
2. Limette auspressen. Kerne aussieben, damit der Smoothie nicht bitter wird.
3. Mit dem Zestenschaber oder Sparschäler Zesten vom oberen, aromatischen, orangefarbenen Teil der Orangenschale abziehen.
4. Orangen schälen und in Stücke schneiden, Kerne entfernen. Wenn die Orangen viele Kerne haben, können Sie auch gepresst werden. Kerne dann aussieben.
5. Alles zu einem cremigen Smoothie mixen.
6. Zum Schluss nach Belieben Eis zugeben.

Piña Chocolada

Kokosöl ist eines der gesündesten Öle überhaupt. Es wird bei Zimmertemperatur fest, schmilzt jedoch bereits bei 24 °C. Das Fett besteht zu 50 Prozent aus Laurinsäure, die im Körper zu der vor Viren, Pilzen und Bakterien schützenden Monolaurinsäure umgewandelt wird – das ist der höchste Laurinsäuregehalt aller Lebensmittel auf der Welt. Daneben enthält Kokosöl Kaprylsäure, welche die Darmflora unterstützt sowie Bakterien und Parasiten im Darm entgegenwirkt.

Für 2 Gläser

- 300 g Ananas, tiefgekühlt oder frisch
- 200 ml Wasser
- 100 ml Kokosmilch
- 2 EL kalt gepresstes Kokosöl
- 2 EL Kakaopulver
- 1 EL Kakao-Nibs
- 1–2 EL veganes Proteinpulver (nach Belieben)
- Eiswürfel (bei frischen Früchten)
- Kokosflocken zum Garnieren

1. Alle Zutaten außer dem Eis zu einem glatten Smoothie mixen.
2. Nach Belieben Eis zugeben und zu einem frostigen Smoothie mixen.
3. In hohen Gläsern mit Kokosflocken garniert servieren.

Schon gewusst?

Eine Kokospalme blüht bis zu 13-mal im Jahr, daher werden die Nüsse das ganze Jahr über geerntet. Jede Palme gibt im Schnitt 60 Nüsse pro Jahr und 10.000 in ihrer gesamten Lebenszeit. Die Nüsse lassen sich nicht nur zu Öl, sondern auch zu Milch und Wasser, Mehl, Palmzucker, Nektar, Essig, Chips, Flocken und vielem anderen mehr verarbeiten.

Superfood & Mandel-Maca-Smoothie

Mandeln werden als Nüsse bezeichnen, sind botanisch jedoch Steinfrüchte und u. a. mit Pflaume, Pfirsich und Aprikose verwandt. Mandeln wachsen als Samen im Kern der Steinfrucht. Sie enthalten 20 Prozent Protein, jede Menge Ballaststoffe und sind besonders reich an Vitamin E, Eisen, Zink, Kalzium, Magnesium, Kalium und Phosphor. Perfekt für einen Smoothie nach hartem Training!

Für 2 Gläser

2–3 Datteln, am besten Medjool

50 g Mandel natur, 4 Stunden oder über Nacht eingeweicht

2–3 EL Rohkakao

1 EL Goji-Beeren

1 TL Maca-Pulver

1 EL Carob-Pulver

1–2 TL löslicher Bio-Kaffee

400 ml Mandelmilch, ungesüßt

3 EL Kokosmilch

1–2 EL veganes Proteinpulver (nach Belieben)

Einige Eiswürfel (nach Belieben)

Garnierung:
Kakao-Nibs

1. Datteln entkernen.
2. Mandeln abspülen und mit Mandelmilch, Kokosmilch und Datteln mixen, bis die Mandeln vollständig zerkleinert sind.
3. Wenn Sie den Smoothie kalt mögen, einige Eiswürfel in den Mixer dazugeben.
4. Mit Kakao-Nibs garnieren und sofort servieren.

Kokos & Ananas

Wenn die Kokosnuss ganz ausgereift ist, hat das in ihr enthaltene Kokoswasser eine dickliche, milchige Konsistenz und wird nun Kokosmilch genannt. Die handelsübliche Kokosmilch jedoch besteht meist aus Kokosextrakt und Wasser. Achten Sie daher genau auf die Liste der Inhaltsstoffe auf der Packung. Ungesüßte Kokosmilch ohne Zusatzstoffe ist natürlich optimal. Kokosmilch ist ein guter Ersatzstoff für Milch und Sahne, wenn man auf Laktose verzichten will oder muss. Der Fettgehalt kann variieren, liegt aber im Schnitt bei 25 Prozent. Kokosmilch ist reich an Kalium, Eisen, Magnesium und Phosphor.

Man kann Kokosmilch in kleineren Mengen selbst herstellen, indem man geraspelte Kokosnuss in Wasser einlegt und später abseiht. Man kann sie gut auf Vorrat im Eiswürfelbehälter einfrieren.

Für 2 Gläser

- ½ Ananas (oder 400 g tiefgekühltes Fruchtfleisch)
- Saft von ½ Limette
- 1 Banane
- 150 ml Kokosmilch
- 1–2 EL veganes Proteinpulver (nach Belieben)
- Eiswürfel (bei frischen Früchten)
- Süßungsmittel (nach Belieben)

1. Die Ananas schälen, den harten Strunk entfernen und das Fruchtfleisch grob hacken.
2. Alle Zutaten außer dem Eis zu einem glatten, cremigen Smoothie mixen.
3. Nach Belieben Eis zugeben und zu einem frostigen Smoothie mixen.
4. Mit Ananasstücken und Kokosflocken garniert servieren.

Möhren-Kokos-Power-Mahlzeit

Möhren enthalten Betacarotin, ein Vorstadium von Vitamin A. Vitamin A und Karotin wirken vorbeugend gegen grauen Star und altersbedingte Veränderungen der Netzhaut und fördern das Sehvermögen im Dunkeln. Vitamin-A-Mangel kann Nachtblindheit verursachen. Möhren sind außerdem gut für die Haut.

Man lagert Möhren am besten in einer Plastiktüte im Kühlschrank oder in einem kühlen Raum. Das Grün vorher abschneiden, da es ansonsten der Frucht zu viel Flüssigkeit und Nährstoffe entzieht. Das Grün der Möhren kann man übrigens genau wie das der Roten Bete wunderbar verzehren – ich verwende es oft als grüne Zutat in meinen Smoothies.

Für 2 Gläser

- 4 große Möhren, geraspelt
- 1 Handvoll frischer Koriander
- 3 EL Olivenöl, extra vergine
- 2 TL Ingwer
- ¼ Chilischote
- 1 TL Currypulver
- 1–2 Medjool-Datteln
- Himalajasalz
- 250 ml Kokosmilch
- 1–2 EL veganes Proteinpulver (nach Belieben)
- 150 ml Apfelsaft oder Wasser (demineralisiert) mit dem Saft einer ½ ausgedrückten Zitrone

Alle Zutaten zu einem herrlichen Smoothie mixen.

TIPP
Dieser Smoothie kann auch als Suppe für eine perfekte Zwischenmahlzeit oder ein leichtes Mittagessen serviert werden. Servieren Sie die Suppe in einer Schüssel mit frischem Koriander garniert. Superlecker!

Zimt-Hafer-Smoothie mit Rosinen

Zimt wird aus der Rinde des Zimtbaums gewonnen. Die Rinde wird geschält, getrocknet und zu Zimtstangen gerollt, die zu Pulver gemahlen oder als Stange angeboten werden. Zimt enthält den Stoff Cumarin, der bei Verzehr zu großer Mengen zu Leberschäden führen kann. Unter den rund 250 Zimtbaumarten sind die Zimtkassie (Cinnamomum cassiae) und der Ceylon-Zimtbaum (Cinnamomum verum) die üblichsten. Ceylon-Zimt, auch als „echter Zimt" bezeichnet, ist heller, süßer und milder als der Kassia-Zimt. Kassia-Zimt ist der Zimt, der am häufigsten im Laden zu finden ist. Zimt wird dunkel in einem luftdichten Behälter aufbewahrt, damit das Aroma erhalten bleibt. Ich kaufe Ceylon-Zimtstangen und mahle das Pulver mit der Kaffeemühle selbst.

Für 2 Gläser

- **400 ml Mandelmilch, ungesüßt**
- **4 EL Haferflocken (bei Bedarf glutenfrei)**
- **2 EL Kokosflocken, ungesüßt**
- **3 EL Bio-Rosinen**
- **1 TL Vanilleextrakt**
- **2 EL Hanfsamen**
- **1 EL Chia-Samen**
- **2 TL Zimt, gemahlen**
- **2 EL Kokosöl (nach Belieben)**
- **1–2 EL veganes Proteinpulver (nach Belieben)**
- **1 Banane, tiefgefroren**
- **Einige Eiswürfel (nach Belieben)**

1. Alles zu einem cremigen Smoothie mixen.
2. Soll der Smoothie richtig eisig werden, einige Eiswürfel dazugeben.
3. Mit Zimt und Rosinen garnieren.

Himbeeren, Kokos & Hanfsamen

Hanfsamen enthalten große Mengen von mehrfach gesättigten Fettsäuren wie Omega 3 und Omega 6. Sie bestehen außerdem zu 25 Prozent aus Proteinen und sind reich an lebenswichtigen Aminosäuren. Ferner enthalten sie die Mineralstoffe Kalzium, Magnesium, Phosphor, Schwefel, Eisen, Zink sowie Karotin und die Vitamine E, C, B1, B2, B3 und B6.

Hanfsamen gibt es entweder im Ganzen oder in Pulverform zu kaufen. Hanfsamenpulver ist hervorragend als natürlicher Proteinzusatz geeignet.

Für 2 Gläser

- **300 g tiefgekühlte Himbeeren**
- **200 ml Kokosmilch**
- **2 EL Kokosflocken**
- **3 EL geschälte Hanfsamen oder 2 EL Hanfsamenpulver**
- **1–2 EL veganes Proteinpulver (nach Belieben)**
- **3 EL Sonnenblumenkerne**

Alle Zutaten zu einem cremigen Smoothie mixen.

Brombeeren-Vanille-Kokosnuss-Smoothie

Ein köstlicher, ballaststoffreicher Smoothie – ideal fürs Frühstück.

Für 2 Gläser

- **300 ml Vanillejoghurt mit Bakterienkulturen**
- **100 ml Kokosmilch**
- **1 TL Vanilleextrakt**
- **2 EL Kokosöl, roh**
- **2 EL Hanfsamen**
- **2 EL Chia-Samen**
- **1–2 EL veganes Proteinpulver (nach Belieben)**
- **1 Banane, tiefgefroren**
- **200 g Brombeeren, tiefgefroren**

1. Alles bis auf die gefrorenen Zutaten kurz mixen.
2. Banane und Brombeeren dazugeben und zu einem glatten Smoothie mixen.

Mandelschokolade mit Banane & Vanille

Handelsübliche Mandelmilch ist oft stark gesüßt, doch es gibt auch ungesüßte Produkte in gut sortierten Bioläden. Man kann jedoch nach dem Rezept auf Seite 47 selbst Mandelmilch herstellen, die außerdem einen höheren Mandelgehalt hat als gekaufte. Vorsicht vor gesüßter Mandelmilch, die viel Zucker enthält.

Für 2 Gläser

**400 ml Mandelmilch
oder 3 EL Mandelbutter und 350 ml Wasser**

2 Bananen

4–5 Datteln ohne Kerne

2 EL Kakaopulver

2 EL Leinsamen (nach Belieben)

1 TL Vanilleextrakt

1–2 EL veganes Proteinpulver (nach Belieben)

Süßungsmittel (nach Belieben)

Eiswürfel (nach Belieben)

gehackte Mandeln zum Garnieren

1. Alle Zutaten außer dem Eis zu einem glatten Smoothie mixen.
2. Nach Belieben Eis zugeben und noch einmal durchmixen.
3. In hohen Gläsern mit gehackten Mandeln garniert servieren.

Schokolade-Kirsch-Chia-Smoothie

Dieser Smoothie ist einfach göttlich und extrem nährstoffreich. Er sättigt lange und steckt voller Mineral- und Ballaststoffe. Gibt man Spinat hinzu, wird er zum echten Gesundheitsdrink.

Für 2 Gläser

- 300 ml Mandelmilch, ungesüßt
- 200 g Kirschen, tiefgefroren
- 2–3 Datteln, am besten Medjool
- 300 EL Haferflocken (bei Bedarf glutenfrei)
- 1 EL Chia-Samen
- 2 EL Kakao, am besten roh
- 1 EL Carobpulver (nach Belieben)
- 1–2 EL veganes Proteinpulver (nach Belieben)
- 1 TL Vanilleextrakt
- 20 g Babyspinat (nach Belieben)

1. Alle Zutaten in der Reihenfolge der Zutatenliste in den Mixer geben.
2. Zu einem cremigen Schokomousse-Smoothie mixen.
3. Mit einigen gefrorenen Kirschen garnieren. Für die Luxusvariante etwas dunkle Qualitätsschokolade darüberreiben.

Maca-Mokka & Datteln

Die in Peru beheimatete Maca-Wurzel ist ein traditionelles Arzneimittel gegen Stress und Störungen des Hormonhaushalts, Müdigkeit, Mangelernährung, Konzentrationsstörungen und zur Stärkung der körperlichen Abwehrkräfte. Am bekanntesten ist sie allerdings als Aphrodisiakum und Fruchtbarkeitsmittel. Maca enthält viele Aminosäuren, Kohlehydrate und Mineralstoffe, darunter Kalzium, Zink, Magnesium und Eisen sowie Vitamin B1, B2, B12, C und E.

Der pfeffrige Geschmack der Maca-Wurzel ist nicht jedermanns Sache, daher ist bei der Dosierung Vorsicht geboten. Am besten versucht man es im Verbund mit anderen kräftigen Geschmacksrichtungen.

Für 2 Gläser

- **50 g Cashewkerne**
- **6 Datteln ohne Kerne**
- **½–1 EL Maca-Pulver**
- **2 EL Kakao-Nibs**
- **1 EL Kakaopulver**
- **1 EL Kokosflocken**
- **1 EL Instant-Kaffee**
- **200 ml Wasser**
- **1–2 EL veganes Proteinpulver (nach Belieben)**
- **Süßungsmittel (nach Belieben)**
- **Eiswürfel (bei frischen Früchten)**
- **Kaffeebohnen zum Garnieren**

Alle Zutaten außer dem Eis zu einem glatten Smoothie mixen. Nach Belieben Eis zugeben und zu einem frostigen Smoothie mixen. In hohen Gläsern mit Kaffeebohnen garniert servieren.

Kürbis-Protein-Smoothie

Zur Kürbissaison im Spätherbst bieten alle Geschäfte Kürbisse im Überfluss an. Dann sollten Sie eigenes Kürbispüree herstellen! Ich bereite große Mengen davon zu, die ich dann im Winter und Frühling in Smoothies, Suppen, Brei, Kuchen oder als Beilage zum Essen verarbeite. Kürbispüree kann gut portionsweise eingefroren werden. Es ist eine tolle Smoothie-Zutat. Alle Kürbissorten sind geeignet. Das Püree kann gut in großen Eiswürfelformen eingefroren werden. Die Würfel werden dann in luftdichte Beutel umgepackt.

Die Zubereitung: Kürbis in der Mitte teilen und entkernen. Hälften mit der Schnittseite nach unten auf Backpapier legen und im Backofen bei 175 °C 40–60 Minuten backen (Backzeit abhängig von der Größe). Abkühlen lassen. Fruchtfleisch auskratzen und zu einem glatten Püree mixen. Ist es zu nass, in einem Sieb abtropfen lassen. Die Kerne können Sie abspülen und trocknen.

Für 2 Gläser

- **30 g Kürbiskerne, vier Stunden oder über Nacht eingeweicht**
- **1–2 Datteln, am besten Medjool**
- **100 g Kürbispüree, frisch oder als gefrorene Würfel**
- **200 ml Wasser**
- **2 EL veganes Vanillepulver**
- **1 TL Kürbiskuchen-Gewürz**
- **1–2 EL veganes Proteinpulver (nach Belieben)**
- **1 Banane, tiefgefroren**
- **Eis (nach Belieben)**

1. Datteln entkernen.
2. Kürbiskerne waschen.
3. Datteln, Kürbiskerne, Kürbispüree und Wasser zu einer Kürbismilch mixen.
4. Restliche Zutaten dazugeben und zu einem cremigen Smoothie mixen.
5. Nach Belieben Eis dazugeben und mixen.
6. Mit Kürbiskuchen-Gewürz als Topping und dickem Strohhalm servieren.

Kürbiskuchen-Mix
3 EL Zimt, gemahlen
2 EL Ingwer, gemahlen
2 TL Muskat, gemahlen
1 ½ TL Piment, gemahlen
1 ½ TL Gewürznelken, gemahlen

Schokolade, Datteln & Kurkuma

Kurkuma wirkt entzündungshemmend und ist reich an Antioxidantien, die gegen freie Radikale ins Feld ziehen. Freie Radikale sind schädliche Stoffwechselprodukte, die bei der Sauerstoffbindung im Körper anfallen.

Für 2 Gläser

- 2 Bananen
- 6 Datteln ohne Kerne
- 100 ml Kokosmilch
- 2 EL kalt gepresstes Kokosöl
- 2 EL Kakaopulver
- 1 EL Kurkuma
- 1–2 EL veganes Proteinpulver (nach Belieben)
- 300 ml Wasser
- Eiswürfel (nach Belieben)
- Kokosflocken zum Garnieren

Alle Zutaten außer dem Eis zu einem glatten Smoothie mixen. Nach Belieben Eis zugeben und noch einmal durchmixen. In hohen Gläsern mit Kokosflocken garniert servieren.

Pfefferkuchen-Smoothie

Dieser Smoothie ist süß und greift die Weihnachtsaromen auf. Datteln und Gewürze wie Zimt, Ingwer, Kardamom, Nelken und Pomeranzenschalen heben die Stimmung im dunklen Winter garantiert.

Für 2 Gläser

- 300 ml Hafermilch
- 100 ml Hafersahne
- 1 Banane
- 2 EL Hanfsamen
- 2–3 Datteln, am besten Medjool
- ½–1 TL frischer Ingwer, gerieben
- 1 Prise Nelken, gemahlen
- 1 Prise Pomeranzenschalen, gemahlen (oder ein kleines Stück)
- 1–2 EL veganes Proteinpulver (nach Belieben)
- 1 TL Zimt, gemahlen
- 1 TL Kardamom, gemahlen

1. Hafermilch und Sahne auf ca. 50 °C erhitzen.
2. In den Mixer geben, die übrigen Zutaten dazugeben und mixen.
3. In hitzebeständigen Gläsern servieren und mit Zimt oder Kardamom bestreuen.

TIPP

Dieser Smoothie kann gut kalt serviert werden. Dann kalte Hafermilch und -sahne, eine gefrorene Banane und eventuell etwas Eis verwenden.

Erdnuss-Schokolade

Erdnussbutter steht inzwischen auch bei gesundheitsbewussten Konsumenten hoch im Kurs, denn sie enthält viel Protein und Ballaststoffe, gesunde Fette, Mineralstoffe, Vitamine und Antioxidantien. Außerdem ist sie sehr sättigend.

Für 2 Gläser

- **5 EL Erdnussbutter**
- **2 tiefgekühlte Bananen**
- **2 EL Kakaopulver**
- **1–2 EL veganes Proteinpulver (nach Belieben)**
- **400 ml Wasser**
- **frische Erdnüsse zum Garnieren**

Alle Zutaten zu einem glatten Smoothie mixen. In hohen Gläsern servieren und mit Erdnusssplittern garnieren.

Piña Colada Bucha

Ein klassischer karibischer Cocktail, doch mit einem gesunden Kick – und alkoholfrei!

Wenn Kokosnüsse reif sind, wird das Kokoswasser dickflüssig und milchig – das ist dann die echte Kokosmilch. Gekaufte Kokosmilch wird meist aus Kokosnussextrakt und Wasser hergestellt. Auf dem Etikett kann man oft ablesen, wie hoch der Anteil an Kokosnuss und Wasser ist. Nehmen Sie ungesüßte Kokosmilch ohne Zusätze.

Kokosmilch ist eine cremige und gesunde Alternative zu Kuhmilch, denn sie ist laktosefrei. Der Fettgehalt variiert, liegt jedoch meist bei 25 Prozent. Kokosmilch enthält Kalium, Eisen, Magnesium und Phosphor.

Für 2 Gläser

- 150 ml Kokosmilch
- 150 ml Kombucha, natur oder Apfelsaft oder Wasser (demineralisiert) mit dem Saft einer ½ ausgedrückten Zitrone
- 250 g Ananas, tiefgefroren
- 1 TL Vanillepulver oder -essenz
- 1–2 EL veganes Proteinpulver (nach Belieben)

Alle Zutaten zu einem cremigen Smoothie mixen.

Himbeertraum

Ein supereinfacher Frühstücks-Smoothie! Ich peppe diesen Smoothie mit etwas Bienenpollen, Chia-Samen, Hanfsamen und veganem Proteinpulver auf. Das Proteinpulver bewirkt eine längere Sättigung, kann aber auch weggelassen werden.

Himbeeren enthalten jede Menge Nährstoffe, die uns gesund und aktiv halten. Diese Superbeere wirkt entzündungshemmend, stärkt die Abwehr und soll Krebs sowie Herzerkrankungen vorbeugen. Himbeeren sind ballaststoffreich; hilfreich, um den Cholesteringehalt niedrig zu halten. Die Beeren enthalten viel Vitamin C, Folsäure, Eisen, Kalzium und Kalium. Himbeeren wirken schleimlösend, entgiftend und können Menstruationsbeschwerden lindern.

Gefrorene Himbeeren haben einen ähnlich hohen Nährwert wie frische. Man sollte immer einen Beutel davon im Gefrierschrank haben!

Für 2 Gläser

- 2 Datteln, am besten Medjool
- 300 ml Vanillejoghurt mit Bakterienkulturen
- ½ TL Vanilleextrakt
- 1 EL Chia-Samen
- 1 EL Hanfsamen
- 1 EL Bienenpollen
- 1–2 EL veganes Proteinpulver (nach Belieben)
- 150 g Himbeeren, tiefgefroren
- 1 Banane, tiefgefroren

Garnierung:
- Minzblätter
- Himbeeren
- Chia-Samen
- Bienenpollen

1. Datteln entkernen.
2. Alle Zutaten in der Reihenfolge der Zutatenliste in den Mixer geben.
3. Zu einem cremigen, frostigen Smoothie mixen.
4. Mit Minzblättern und Himbeeren garnieren, mit Chia-Samen und Bienenpollen bestreuen.

Banane, Kokos & Maqui

Maqui-Beeren kommen ursprünglich aus Patagonien, einer Region im Süden Chiles. Sie enthalten sehr viele Antioxidantien – viermal so viele wie Blaubeeren und doppelt so viele wie Açai-Beeren. Daher ist Maqui wirksam zur Bekämpfung freier Radikale und verhindert vorzeitiges Altern. Antioxidantien stärken das Immunsystem, sind entzündungshemmend und regulieren den Blutzuckerspiegel. Daneben enthalten die Beeren Flavonoide, Polyphenole, Vitamin A, C und E sowie Mineralstoffe wie Kalzium, Eisen und Kalium.

Für 2 Gläser

- **2 tiefgekühlte Bananen**
- **100 g tiefgekühlte Blaubeeren**
- **1 EL Maqui-Pulver**
- **200 ml Kokosmilch**
- **2 EL Agavensirup**
- **1–2 EL veganes Proteinpulver (nach Belieben)**

Alle Zutaten zu einem cremigen Smoothie mixen. In hohen Gläsern mit frischen Blaubeeren garniert servieren.

Haselnuss-Carob-Schokolade

Im Mittelmeerraum wächst der Johannisbrotbaum, aus dessen Fruchthülsen Carob gewonnen wird. Die Pflanze zählt zu den Hülsenfrüchten und ihre Früchte ähneln Zuckererbsen. Die Fruchthülsen werden getrocknet und zu karamellartigem, süßem Mehl gemahlen. Carob-Pulver erinnert an Kakao, ist aber nahezu fettfrei und enthält kein Koffein. Wegen der natürlichen Süße benötigt man für Rezepte weniger Süßungsmittel.

Carob ist sehr nährstoffreich und enthält Vitamin A, B1, B2, Kalium, Kalzium, Magnesium, Kupfer, Eisen, Chrom, Mangan und Nickel. Außerdem ist es ballaststoff- und proteinreich. Bei erhöhten Cholesterinwerten soll es eine positive Wirkung haben.

Wenn Sie kein Carob bekommen können, nehmen Sie rohen Kakao oder normalen.

Für 2 Gläser

- **1 Dattel, am besten Medjool (nach Belieben)**
- **400 ml Haselnussmilch**
- **4 EL Haselnussbutter, ohne Zusätze**
- **4 EL Carob-Pulver** (eventuell durch Rohkakao ersetzen)
- **1 EL Chia-Samen**
- **1–2 EL veganes Proteinpulver (nach Belieben)**
- **1 Banane, tiefgefroren**

1. Datteln entkernen.
2. Alles zu einem cremigen Schoko-Smoothie mixen.

Blaubeeren-Buchweizen-Smoothie

Buchweizen gehört zur Familie der Knöterichgewächse. Da seine wertvollen Eigenschaften und Inhaltsstoffe jedoch Getreide ähneln, wird er oft hier eingruppiert. Buchweizen ist sehr leicht verdaulich, reich an Thiamin, Phosphor und Magnesium. Da Buchweizen von Natur aus glutenfrei ist, eignet er sich bei Glutenunverträglichkeit perfekt als Alternative zu anderen Getreide- und Mehlsorten.

Für 2 Gläser

- 50 g Buchweizen (Trockengewicht), über Nacht eingeweicht
- 2 Datteln, am besten Medjool
- 300 ml Mandelmilch, ungesüßt
- 1 EL Leinsamen
- 1 EL Hanfsamen
- 1 TL Vanilleextrakt
- 1–2 EL veganes Proteinpulver (nach Belieben)
- 150 g Blaubeeren, tiefgefroren

1. Buchweizen abspülen.
2. Datteln entkernen.
3. Alles bis auf die Blaubeeren kurz mixen.
4. Gefrorene Beeren dazugeben und zu einem dunkelvioletten Smoothie mixen.

Avocado, Mandeln & Orange

Avocados sind sehr reich an nützlichen, einfach ungesättigten Fettsäuren, die für gute Haut und glänzendes Haar sorgen und die Hirnleistung steigern. Früher galt die Frucht auch als Aphrodisiakum. Außerdem enthalten Avocados blut-, leber- und herzstärkende Nährstoffe sowie viel Kalium, das den Blutdruck regelt und die Muskulatur stärkt, und nicht zuletzt Ballaststoffe, Magnesium, Folsäure und Vitamin A, B und C.

Für 2 Gläser

- 2 Orangen
- 1 reife Avocado
- 2 EL Mandelbutter
- 300 ml Mandelmilch
- 1–2 EL veganes Proteinpulver (nach Belieben)

1. Die Orangen pressen, die Avocado halbieren und das Fruchtfleisch ausheben.
2. Alle Zutaten zu einem milden, cremigen Smoothie mixen.

Walnuss-Smoothie mit Moosbeeren

Walnüsse enthalten viele Antioxidantien und einen hohen Gehalt an Omega 3 in Form von Alpha-Linolensäure. Die Fettsäure wird u. a. im Gehirn eingelagert und kann zur Omega-3-Fettsäure DHA umgewandelt werden, die sonst in Fisch enthalten ist. Walnüsse sind deshalb gut für das Gehirn. Schon die alten Griechen empfahlen Walnüsse bei schlechtem Gedächtnis und Konzentrationsproblemen. Vielleicht ähneln sie deshalb von der Form her einem Gehirn?

Mit ihrem hohen Proteingehalt von 14 Prozent sind sie eine gute Alternative für Vegetarier. Walnüsse sind energiereich, enthalten 62 Prozent Fett und sind reich an den Vitaminen B, E, Eisen, Kalzium, Phosphor, Magnesium und Zink.

Für 2 Gläser

- 50 g Walnüsse, mindestens 4 Stunden eingeweicht
- 2–3 Datteln, am besten Medjool (nach Belieben)
- 1 Orange
- 1–2 EL Ahornsirup (oder 1–2 Datteln Medjool)
- 300 ml Wasser
- ½ TL Zimt, gemahlen
- 1 EL Maca-Pulver
- 1 EL Leinsamen
- 1 Prise Kardamom, gemahlen
- 1–2 EL veganes Proteinpulver (nach Belieben)
- 100 g Moosbeeren, tiefgefroren
- 1 Banane, tiefgefroren

1. Walnüsse abspülen.
2. Datteln entkernen.
3. Orange auspressen.
4. Alle Zutaten bis auf die tiefgefrorenen zu einer Nussmilch mixen.
5. Gefrorene Zutaten dazugeben und zu einem glatten Smoothie mixen.

Verdauungsfördernde & probiotische Smoothies

Probiotika sind unsere besten Freunde. Diese nützlichen Darmbakterien leben in Symbiose mit uns Menschen und beugen Krankheiten vor. Seit Jahrtausenden ist bekannt, dass eine gesunde Verdauung der Schlüssel zu einem gesunden Körper ist. Hippokrates erklärte, dass alle Krankheiten im Darm beginnen, und je mehr wir wissen, desto mehr erkennen wir, wie richtig er lag. Ein gesunder Darm bedeutet ein gesunder Körper!

Menschen auf der ganzen Welt haben schon immer fermentierte Nahrungsmittel gegessen, die das Wachstum von probiotischen Bakterien fördern, aber die Art und Weise, wie wir heute leben, unterscheidet sich dramatisch vom Leben unserer Vorfahren. Heutzutage essen wir viel Fast Food und stehen unter ständigem Stress, und so ist es nicht verwunderlich, dass unsere Darmflora aus dem Gleichgewicht gerät und schädlichen Bakterien die Chance gibt, sich zu entwickeln.

Da ich den größten Teil meines Lebens an Verdauungsbeschwerden litt, habe ich viele Dinge ausprobiert und festgestellt, dass selbst hergestellte natürliche Probiotika besser funktionieren als alles, was ich getestet habe. Nehmen Sie sie regelmäßig! Als ich anfing, meinen Magen wieder in Balance zu bringen, stellten sich andere positive Effekte ein: erhöhte Energie, eine Verbesserung meiner Stimmung, besserer Schlaf und eine gesunde Gewichtsabnahme.

In diesem Kapitel habe ich viele leckere Rezepte basierend auf probiotischen Zutaten wie Kombucha und Kefir kreiert. Ersetzen Sie sie mit frischem Apfelsaft, wenn Sie „normalere" Smoothie machen wollen. Fertig gekaufte Smoothies sollten immer natürlich und nicht pasteurisiert sein. Die Erhitzung tötet alle nützlichen Bakterien. Ich mache immer meine eigenen probiotischen Getränke zu Hause und empfehle Ihnen dasselbe. Es ist einfach, lecker und viel, viel billiger, als fertig gekaufte.

Scoby

Scoby steht für „Symbiotic Culture of Bacteria and Yeast". Die landläufigen Bezeichnungen Kombucha-, Wolga- oder Tee-Pilz sind daher irreführend, denn eigentlich handelt es sich hier um eine Symbiose von Hefepilzen und Milchsäurebakterien. Die Farbe des Scobys (auch Kombucha-Mutter genannt) variiert zwischen durchscheinend-hell bis teebraun und hängt vor allem davon ab, welche Art von Tee für das Ansetzen der Kultur verwendet wird und wie alt der Scoby ist. Je älter er ist, desto dunkler ist seine Farbe – und desto schwächer wird der Kombucha. Ein frischer Scoby ist leicht gelblich, gallertartig und fast durchsichtig, ein alter ist durch die Hefe dunkel und trüb geworden.

Kombucha natur

Sie brauchen dafür:

2 EL oder 6–8 Beutel Bio-Tee, schwarz, grün oder weiß

1 l chlorfreies Wasser

90–100 g Bio-Rohrzucker

1 Kombucha-Pilz (Scoby)

200 ml ungefilterter Kombucha, nicht pasteurisiert

Teekanne, gern aus Gusseisen

Topf, Sieb, Löffel, Messer, Trichter

Glasbehälter mit großer Öffnung (mindestens 1,5 l Fassungsvermögen)

Sauberer Baumwollstoff oder Küchenhandtuch, Gummiband

Drucksichere, fest verschließbare Flasche

1. **ZUBEHÖR REINIGEN.** Das Zubehör muss peinlich sauber und ohne Spülmittelrückstände sein.
2. **STARKEN TEE AUFBRÜHEN.** Den Tee in die Kanne geben, mit kochendem Wasser aufbrühen und den Deckel auflegen. Tee für Kombucha muss mindestens 10–15 Minuten ziehen, damit sich genug Stickstoff bildet. Experten empfehlen, den Tee einige Minuten zu kochen. Den Tee abseihen bzw. die Teebeutel entfernen und den Zucker darin auflösen. Die Mikroorganismen brauchen den Zucker zum Wachsen, der Kombucha enthält später kaum noch Zucker.
3. **KÜHLEN.** Den Tee auf maximal 42 °C abkühlen lassen. Es geht schneller, wenn man ihn dafür in einen Topf mit kaltem Wasser stellt.
4. **KOMBUCHA ZUGEBEN.** Den Tee in den Glasbehälter geben, den fertigen Kombucha zusetzen, umrühren und den Scoby zugeben. (Wenn der Scoby neu gekauft wurde, den mitgelieferten Kombucha dafür verwenden.) Tee und Kombucha sollen mindestens im Verhältnis 10:1 stehen. Sie brauchen also 10-mal soviel Tee wie Kombucha, damit die Kultur in Gang kommt. Den Baumwollstoff mit dem Gummiband über die Öffnung spannen, um Fremdstoffe fernzuhalten.
5. **FERMENTIERUNG.** Den Behälter an einen warmen, geschützten Platz stellen. Die Idealtemperatur liegt zwischen 23 und 29 °C. Die Kultur mindestens 8–14 Tage stehen lassen – je wärmer es ist, desto schneller geht es. Sonnenlicht schadet dem Kombucha.
6. **SCOBY HERAUSNEHMEN.** Den Kombucha-Pilz mit einem sauberen Löffel oder sauberen Händen aus der Flüssigkeit heben (Vorsicht: Spülmittelrückstände vermeiden!) und in einem sauberen Glasgefäß ablegen und den Behälter reinigen, damit darin neuer Kombucha angesetzt werden kann. Notfalls unter fließendem Wasser kurz abspülen, aber dann muss der Scoby mindestens 1 Tag ruhen, um sich zu erholen.
7. **KOMBUCHA AUF FLASCHEN ZIEHEN.** Behalten Sie ca. 200 ml Kombucha zurück, um damit eine neue Fermentation anzusetzen. Ich gebe ca. 10% Kombucha in den lauwarmem, gesüßten Tee und lege dann den Scoby hinein. Den Rest auf möglichst dunkle Flaschen ziehen. Nun kann der erhaltene Kombucha, wenn gewünscht, in einer zweiten Fermentation mit Geschmacksstoffen versetzt werden. Diese in die Flaschen geben, die Korken fest schließen und 3–5 Tage dunkel und warm lagern. Danach können die Flaschen in den Kühlschrank gestellt werden.
8. **LAGERN.** Den Kombucha möglichst kühl und dunkel lagern. Er bleibt dann mindestens ein Jahr lang trinkbar, wird im Laufe der Zeit jedoch immer saurer.
9. **NEUEN KOMBUCHA ANSETZEN.** Den selbst gemachten Scoby mit dem zurückbehaltenen Kombucha für eine neue Kombucha-Kultur verwenden. Dafür die Prozedur von Schritt 1 an wiederholen, hier jedoch keinen gekauften Kombucha verwenden (wie in Schritt 4), sondern den selbst gebrauten. Wenn der Scoby etwas gewachsen ist, müssen Sie eine Portion fertigen Kombucha und den Scoby verwenden, um den Prozess in Gang zu setzen.

Wasserkefir

Wasserkefir kann genau wie Kombucha mit Geschmackszusätzen verfeinert werden. Dazu gehören Ingwer, frische oder getrocknete Früchten, Saft, Kräuter oder was Ihnen sonst noch einfällt. Diese kommen jedoch erst nach dem Abseihen der Pilzkultur in den Kefir. Wasserkefir schmeckt milder als Kombucha, lässt sich aber in den meisten Rezepten dieses Buches anstelle von diesem verwenden.

Man kann Wasserkefir auch mit Kokoswasser herstellen, doch dafür muss sich die Kultur erst in Zuckerlösung etabliert haben. In diesem Fall im nachfolgenden Rezept einfach Zucker und Wasser durch die gleiche Menge Kokoswasser austauschen.

Sie brauchen dafür:

2–4 EL aktivierte Wasserkefirkristalle

Heißes Wasser

4 EL Rohrzucker

Glasbehälter mit 1,5 l Fassungsvermögen

800 ml zimmerwarmes Wasser

Sauberes Handtuch und Gummiband

Edelstahl- oder Nylonsieb

SO WIRD'S GEMACHT:

1. 4 EL Zucker in 200 ml kochendem Wasser auflösen.
2. Mit Wasser auf 1 l auffüllen. Das Zuckerwasser hat nun Zimmertemperatur.
3. Den Wasserkefirpilz einlegen.
4. Das Gefäß nicht mehr als zu ¾ füllen.
5. Das Gefäß mit einem Handtuch abdecken und mit einem Gummiband befestigen.
6. 24–48 Stunden bei Zimmertemperatur stehen lassen. Je länger Wasserkefir steht, desto saurer wird er. Er soll nicht länger als 72 Stunden in der Flüssigkeit verbleiben, da er dann geschwächt wird und absterben kann.
7. Den Kefir abseihen.
8. Den fertigen Wasserkefir im Kühlschrank lagern. Er hält sich etwa eine Woche.
9. Fest verkorkt bei Zimmertemperatur gelagert entwickelt der Kefir mehr Kohlensäure.
10. Wieder bei Schritt 1 beginnen.

VORSICHT!

Keinen Honig zum Süßen verwenden, da dieser die Bakterienkultur abtötet. Versuchen Sie es daher nur, wenn Sie mehr als genügend Wasserkefirkristalle zur Verfügung haben.

Ingwer-Mangorita

Mango ist die Nationalfrucht Indiens und Pakistans. Sie ist reich an Antioxidantien wie Vitamin C und Kalium. Mango ist darüber hinaus besonders reich an Betacarotin, das im Körper in Vitamin A umgewandelt wird. Vitamin A ist gut für die Augen, die Knochen, die Haut, die Schleimhäute und das Immunsystem. Das Antioxidans Vitamin C stärkt Blutgefäße, Haut, Zähne und Knochen.

Vor allem die Schale der Mango enthält, wie auch Cashewnüsse, das Allergen Urushiol – Allergiker sollten daher Vorsicht walten lassen.

Für 2 Gläser

300 g Mango, tiefgefroren

1–2 TL Ingwer, gerieben

Abgeriebene Schale einer ½ Limette

400 ml Kombucha, natur

100 ml Wasser

Alle Zutaten zu einem erfrischenden Sommerdrink mixen.

TIPP
Wenn der Mixer nicht sehr leistungsstark ist, die Mango vorher etwas auftauen lassen.

Pollen-Smoothie

Bienenpollen gibt diesem Smoothie das feine blumige Aroma. Pollen oder auch Blütenpollengranulat sind eine fantastische Nahrungsergänzung, die einfach vollgepackt ist mit guten Dingen. Der Pollen enthält nämlich so ziemlich alles, was der Körper braucht, um gesund und leistungsfähig zu bleiben. Er enthält ungefähr 200 bioaktive Nährstoffe, und das in einer wesentlich stärkeren Konzentration als in Obst und Gemüse. Unter anderem enthält Pollen 22 verschiedene Aminosäuren, Antioxidantien wie zum Beispiel Bioflavonoide und Polyphenole, 27 Mineralstoffe und 16 Vitamine. Pollen stärkt das Immunsystem, verbessert die Konzentration und das Gedächtnis, fördert die Sexualleistung und die Fruchtbarkeit, zügelt den Appetit, bringt den Stoffwechsel auf Trab und steigert die Energie. Die Pollenkörner sind oft unterschiedlich in der Farbe, je nachdem welche Art von Blüten die Bienen angeflogen haben. Auch die Jahreszeit oder die Beschaffenheit der Landschaft kann den Geschmack des Pollens beeinflussen.

Interessant ist vor allem, dass Bienenpollen vor Heuschnupfen schützen kann. Wenn man Pollen aus einer bestimmten Gegend ein paar Wochen lang regelmäßig einnimmt, kann es die allergische Reaktion lindern oder unter gewissen Umständen sogar ganz verschwinden lassen.

Für 2 Gläser

- 250 ml Kamillentee, gekühlt
- 200 g Walderdbeeren
- 2 Birnen, entkernt
- 250 ml Kombucha, natur
- 2 TL Naturhonig
- 1–2 TL Pollen
- Eis (nach Belieben)

Den Tee aufbrühen und abkühlen lassen. Alle Zutaten zu einem glatten Smoothie mixen. Wenn der Smoothie kälter werden soll, zuletzt ein paar Eiswürfel dazumixen.

UNBEDENKLICH?

Die Einnahme von Pollen ist für die meisten Menschen unbedenklich, außer, wenn man eine Pollenallergie hat. Machen Sie im Zweifelsfall zuerst den Zungentest: eine Messerspitze Pollen probieren und abwarten, ob sich auf der Zunge, im Rachenraum oder in den Nebenhöhlen eine negative Reaktion zeigt. Ist das nicht der Fall, kann man Pollen bedenkenlos verwenden.

Strawberrita

Ein wunderbar erfrischender, alkoholfreier Sommeraperitif, der außerdem noch sehr gesund ist!

<u>Für 2 Gläser</u>

300 g Erdbeeren, tiefgefroren

½ TL Vanillepulver oder -essenz

geriebene Zeste einer ½ Limette

2 EL Kokosnektarzucker oder Ahornsirup

400 ml Kombucha, natur

Alle Zutaten zu einem herrlich roten Sommerdrink mixen und mit einer Erdbeere garniert servieren.

Ingwer-Birnen-Bucha

Ich selbst liebe Ingwer und nehme oft doppelt oder dreimal so viel wie im Rezept angegeben. Vielleicht sollten Sie anfangs lieber Vorsicht walten lassen – mehr dazugeben kann man immer noch!

Für 2 Gläser

- 3 reife Birnen, entkernt
- 1–2 TL Ingwer, gerieben
- 400 ml Kombucha, natur

Ergibt einen wunderbar kräuterig-würzigen Gesundheitsbooster.

Teuflischer Ingwer-Kurkuma-Kombucha

Kurkuma gehört zu den Ingwergewächsen und ist eine der nützlichsten Heilpflanzen überhaupt. Er stammt aus den Tropengebieten Asiens. Seine kräftige, holzige Wurzel enthält den leuchtend gelben Farbstoff Curcumin.

Vermeiden Sie jedoch die Einnahme von größeren Mengen Kurkuma, wenn Sie schwanger sind oder es werden möchten. Befragen Sie bei Gesundheitsproblemen immer Ihren Arzt.

Für 2 Gläser

- 250 g Mango, tiefgefroren
- 100 g Ananas, tiefgefroren
- 1 TL Kurkuma, gerieben (oder ½ TL Pulver)
- 1–2 TL Ingwer,
- 400 ml Kombucha, natur

Alle Zutaten zu einem goldgelben Smoothie mixen.

TIPP

Wenn der Mixer nicht sehr leistungsstark ist, lieber frische Früchte verwenden oder tiefgefrorene Früchte zuerst leicht auftauen lassen.

Papaya-Genuss

Papaya enthält viel Vitamin A, B, C, und E sowie Antioxidantien wie Karotin, Zeaxanthin und Flavonoide, außerdem wichtige Mineralstoffe wie Kalium, Magnesium, Kalzium und Eisen. Das in der Papaya enthaltene Enzym Papain wird in der Medizin bei Stoffwechselstörungen angewendet und unterstützt angeblich die Gewichtsabnahme.

Für 2 Gläser

250 g Papaya, tiefgefroren

100 g Ananas, tiefgefroren

1 TL Chia-Samen

250 ml Kombucha, natur

Alle Zutaten zu einem leckeren Smoothie mixen.

TIPP
Wenn der Mixer nicht sehr leistungsstark ist, lieber frische Früchte verwenden oder tiefgefrorene Früchte zuerst leicht auftauen lassen.

Flüssiges Gold

Frische Kurkumawurzeln kann man genau wie Ingwerwurzeln im Vorfrühling in Blumentöpfe pflanzen und den Sommer über in den Garten stellen. Im Spätherbst ist dann der selbstgezogene Kurkuma erntereif. Wenn die Wurzel schwer zu raspeln ist, legt man sie ins Gefrierfach und raspelt sie dann tiefgefroren. Aber Vorsicht beim Verarbeiten: Die gelbe Farbe ist sehr intensiv und lässt sich nur schwer von der Haut und anderen Oberflächen entfernen! Also immer mit Handschuhen arbeiten oder eine Plastiktüte zu Hilfe nehmen.

Da der im schwarzen Pfeffer enthaltene Wirkstoff Piperin die Resorption von Kurkuma unterstützt, empfiehlt es sich, beide Gewürze zusammen zu verwenden.

Für 2 Gläser

- 150 g Mango, tiefgefroren
- Saft von 2 Orangen
- 1–2 TL Kurkuma, gerieben (oder ½–1 TL Pulver)
- 1 TL Zimt
- 1 Prise schwarzer Pfeffer
- 250 ml Kombucha, natur

Die Orangen auspressen. Alle Zutaten zu einem goldgelben Smoothie mixen.

Tibetisches Vergnügen

In China kennt man die gesundheitsfördernde Wirkung der Goji-Beeren schon seit über 5000 Jahren, doch in Europa haben sie sich erst zu Beginn des 2. Jahrtausends durchgesetzt. Inzwischen kann man Goji-Beeren eigentlich überall kaufen. Ich selbst kaufe sie immer aus biologischem Anbau. Einer meiner Lieblingsanbieter kommt übrigens aus Tibet.

Für 2 Gläser

3 EL Goji-Beeren

250 ml Kombucha, natur

250 g Mango, tiefgefroren

1 TL Kurkuma, gerieben (oder ½ TL Pulver)

Die Goji-Beeren 10–15 Minuten in dem Kombucha einweichen. (Ich gebe dafür beides einfach in den Mixer.) Dann alle Zutaten zu einem herrlich orangeroten Vitamin-C-Kick mixen.

Kalifornischer Sonnenschein

Dass Orangen reich an Vitamin C sind, ist allgemein bekannt. Weniger bekannt ist jedoch, dass sie auch andere nützliche Nährstoffe enthalten, die eine Brausetablette nicht liefern kann. Orangen fördern nicht nur die Abwehrkräfte des Körpers, sie sollen auch den Blutdruck senken, gegen Erkältungen und Infektionen wirken und vor Augenkrankheiten, Rheuma, Herz- und Gefäßkrankheiten schützen. Vitamin C wirkt außerdem belebend auf die Haut.

Vitamin C hilft bei der Aufnahme von Eisen, Zink, Kupfer, Kalzium und Vitamin B9 (Folsäure) in den Körper. Außerdem ist es ein Antioxidans, das gegen freie Radikale schützt. Vitamin C wird nicht im Körper aufgebaut, sondern muss diesem täglich zugeführt werden.

Für 2 Gläser

- 2 TL Chia-Samen
- 250 ml Kombucha, natur
- 2 Orangen, geschält
- Saft von 2 Grapefruits
- 100 g Mango, tiefgefroren
- 100 g Ananas, tiefgefroren

Die Chia-Samen 10–15 Minuten in dem Kombucha einweichen, dann alle Zutaten zu einem glatten Smoothie mixen.

Heiße Wassermelone

Wassermelonen gehören zu den wenigen Pflanzen, die größere Mengen des kraftvollen Antioxidans Lykopen enthalten. Lykopen soll das Risiko von Herzkrankheiten und manchen Krebsleiden senken, darunter Gebärmutterhals- und Prostatakrebs. Wassermelonen sind außerdem gute Lieferanten von Vitamin A, C und B6.

Es gibt viele verschiedene Sorten von Wassermelonen. Die meisten von ihnen haben zartrosa Fruchtfleisch, doch es gibt auch welche mit gelbem Fleisch. Die Früchte sind rund bis oval und wiegen zwischen 2 und 20 Kilogramm. Sie sind sich im Geschmack recht ähnlich, können jedoch in der Süße variieren. Ich bevorzuge ovale Melonen mit rotem Fruchtfleisch.

Die Schale soll unbeschädigt und fleckenlos, fest und matt sein und an der Unterseite, wo sie während der Reifung gelegen hat, eine leicht gelbliche Färbung aufweisen. Reife Wassermelonen haben einen feinen Duft und können sehr schwer sein, da sie zu 92 Prozent aus Wasser bestehen.

Für 2 Gläser

2 TL Chia-Samen

400 ml Kombucha, natur

400 g Wassermelone, gewürfelt

¼–½ Chilischote

Saft einer ½ Limette

Die Chia-Samen 10–15 Minuten in dem Kombucha einweichen. Alle Zutaten zu einem glatten Smoothie mixen.

Minziger Heidelbeer-Mojito

Ahornsirup wird aus dem Rohsaft des Ahornbaums gewonnen. Dieser wird in den Wurzeln gebildet und steigt im Frühjahr auf, um den Baum für die Blattbildung mit Energie zu versorgen. Die Bäume werden dafür angeritzt und der Saft abgezapft. Der frisch gezapfte Saft wird auf schwacher Hitze zu goldbraunem Ahornsirup eingekocht. Ahornsaft enthält ca. 2–3 Prozent Zucker. Um 1 Liter Sirup zu erzeugen, benötigt man etwa 35 Liter Ahornsaft. Ahornsirup ist reich an Mineralstoffen wie Zink, Thiamin und Kalzium.

Im Handel findet man leider sehr häufig billige Ahornsirup-Imitationen. Diese bestehen zumeist aus einfachem Maissirup mit Ahornessenz als Geschmackszusatz und dürfen deshalb nicht die Bezeichnung „maple syrup" (Ahornsirup) führen. Lesen Sie daher stets sorgfältig das Etikett, denn die Werbung ist oft irreführend und bedient sich einer Reihe von ausweichenden Bezeichnungen. Auch der Preis ist ein Indikator: Guter Ahornsirup ist nicht billig – wenn er preiswert ist, ist es wahrscheinlich keiner! Am besten ist natürlich 100-prozentiger reiner Ahornsirup aus biologischem Anbau.

Für 2 Gläser

- 400 ml Kombucha, natur
- 2 TL Chia-Samen
- 250 g Heidelbeeren
- 2–3 TL Minze, gehackt
- 2–3 EL Ahornsirup

Die Chia-Samen 10–15 Minuten in Kombucha einweichen. Zusammen mit den übrigen Zutaten zu einem herrlich blauvioletten Smoothie mixen.

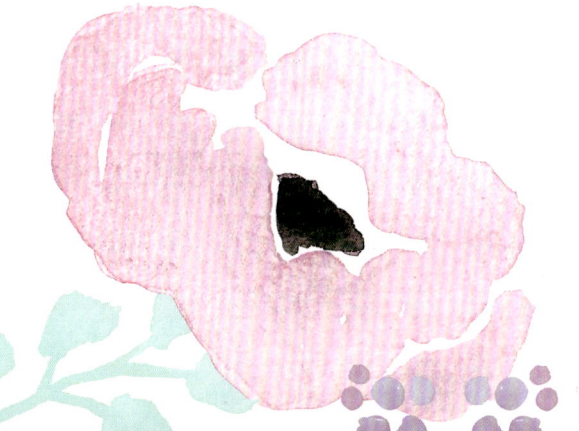

Buddha's Delight

Früher galt grüner Tee als Heilmittel, doch heute schätzt man ihn vor allem als schmackhaftes und gesundes Heißgetränk. Grüner Tee wurde lange Zeit nur in den Herkunftsländern China und Japan konsumiert, doch heute kennt man ihn in der ganzen Welt.

Grüner Tee besteht aus denselben Blättern wie Schwarztee, doch werden bei Ersterem die Blätter nicht fermentiert. Daher schmeckt der Tee etwas herber und weckt Assoziationen an Heu, Gras, Algen und Meer. Für Liebhaber von schwarzem Tee ist der Geschmack von grünem Tee daher zunächst oft ein wenig gewöhnungsbedürftig.

Grüner Tee enthält einen hohen Anteil an Polyphenolen – Antioxidantien, die den Körper und das Erbgut vor freien Radikalen schützen. Letztere verursachen Schäden an Körperzellen und Erbgut sowie altersbedingte Degenerationserscheinungen. Darüber hinaus befinden sich in den Blättern Vitamine und Mineralstoffe mit natürlicher Heilkraft. Durch den niedrigen Teingehalt ist grüner Tee gut zur Entschlackung geeignet. Kaufen Sie Tee aus biologischem Anbau.

Für 2 Gläser

- **250 ml grüner Tee, gekühlt**
- **4 EL Goji-Beeren**
- **1–2 TL Ingwer, gerieben**
- **250 ml Kombucha, natur**
- **Eiswürfel (nach Belieben)**

Den Tee nach Packungsaweisung aufbrühen und abkühlen lassen. Die Goji-Beeren 10–15 Minuten in dem kalten Tee einweichen – ich gebe dafür beides direkt in den Mixer. Alle Zutaten zu einem würzigen Smoothie mixen. Soll der Smoothie kälter werden, zuletzt noch ein paar Eiswürfel dazumixen.

Scharfer Reinigungstrunk

Chili bringt den Stoffwechsel auf Trab! Es gibt allerdings unterschiedlich scharfe Sorten, daher ist bei der Verwendung erst einmal Vorsicht geboten! Handelsübliche Sorten in Europa sind zum Beispiel Peperoncini oder Jalapeno (amerikanische Standardchili) oder die extrem scharfe Habanero. Es gibt Chili auch getrocknet oder in Pulverform als Cayennepfeffer zu kaufen; dieser ist in der Verwendung fast so gut wie frischer. Aber wie gesagt: Vorsicht beim Ausprobieren!

Die Schärfe, hervorgerufen durch den Wirkstoff Capsaicin, sitzt übrigens nicht in den Kernen oder im Fruchtfleisch, sondern in der Plazenta und den Samenstielen. Man kann den Schoten daher viel von ihrer Schärfe nehmen, wenn man sie halbiert und das Innere herausschneidet. Capsaicin ist ein Öl und daher nicht wasserlöslich – wenn man sich an Chili den Mund verbrannt hat, hilft es also nicht, Wasser zu trinken! Kauen Sie stattdessen ein paar Nüsse, denn Capsaicin ist fettlöslich.

Für 2 Gläser

- 2 Äpfel, entkernt
- 2 EL Ahornsirup
- Abgeriebene Schale von 1 Limette
- 1–2 Prisen Cayennepfeffer
- 400 ml Kombucha, natur
- Eis

Alle Zutaten zu einem leckeren Smoothie mixen. Soll der Smoothie kälter werden, zum Schluss noch ein paar Eiswürfel dazumixen.

Melonberry

Melonen gehören zu derselben Familie wie Kürbisse und Gurken. Es gibt viele verschiedene Melonensorten; normalerweise unterteilt man sie in Wassermelonen und Zuckermelonen. Wassermelonen haben meist rosarotes Fruchtfleisch und schwarzbraune Kerne, obwohl es auch kernlose Sorten mit grünem oder gelbem Fruchtfleisch gibt. Bei Zuckermelonen sind die Kerne im Gegensatz zur Wassermelone in der Mitte konzentriert, wodurch sie leichter zu putzen sind. Zuckermelonen sind in der Regel süßer, haben eine weichere Konsistenz und einen süßen Duft. Beliebte Sorten sind Honigmelone, Netzmelone, Cantaloupe, Charentais-Melone und Galiamelone.

Für 2 Gläser

- 2 TL Chia-Samen
- 150 ml Kombucha, natur
- 300 g Wassermelone, gewürfelt
- 150 g Himbeeren, tiefgefroren
- 100 g Erdbeeren, tiefgefroren
- 1 Banane
- 1 TL Lucumapulver (nach Belieben)

Die Chia-Samen 10–15 Minuten in dem Kombucha einweichen. Alle Zutaten zu einem glatten Smoothie mixen.

TIPP
Wenn der Mixer nicht sehr leistungsstark ist, die Beeren vorher etwas auftauen lassen.

Himbeer-Romanze

Himbeeren gehören zu den Superbeeren, denn sie enthalten viele gesundheitsfördernde Nährstoffe. Sie wirken entzündungshemmend und stärken die Abwehrkräfte. Sie enthalten viele Ballaststoffe und senken dadurch auch den Cholesterinspiegel. Himbeeren enthalten viel Vitamin C, Folsäure, Eisen, Kalzium und Kalium. Außerdem wirken sie schleimlösend, entgiftend und lindernd bei Menstruationsbeschwerden.

Kaufen Sie vorzugsweise Himbeeren mit gleichmäßiger Farbe und verbrauchen Sie sie innerhalb von zwei Tagen. Himbeeren kann man wunderbar einfrieren. Es gibt sie im Naturkostladen sogar in Pulverform zu kaufen – ich verwende selbst gern Himbeerpulver in meinen Smoothies.

Für 2 Gläser

- 4 Maracujafrüchte
- 250 g Himbeeren, tiefgefroren
- 1 Banane
- 2–3 TL Kokosnektarzucker (oder Naturhonig)
- 400 ml Kombucha, natur

Das Fruchtfleisch der Maracuja herauslöffeln und mit den anderen Zutaten zu einem leckeren Smoothie mixen.

TIPP
Wenn der Mixer nicht sehr leistungsstark ist, die Himbeeren vorher etwas auftauen lassen.

Hibiskus-Himmel

Schon die Pharaonen im alten Ägypten sollen Hibiskustee getrunken haben. Der leicht säuerliche, rosarote Tee wird aus den getrockneten Blüten aufgebrüht und kann heiß oder kalt getrunken werden. Er erinnert im Geschmack ganz leicht an Preiselbeeren.

Für 2 Gläser

- 200 ml Hibiskustee, gekühlt
- 200 ml Kombucha oder Wasserkefir, natur
- 200 g Himbeeren, tiefgefroren
- 100 g Mango, gefroren
- 1–2 TL Naturhonig

Den Tee aufbrühen und abkühlen lassen. Alle Zutaten zu einem glatten Smoothie mixen.

TIPP
Wenn der Mixer nicht sehr leistungsstark ist, die gefrorenen Früchte vorher auftauen lassen.

Peppiger Start in den Morgen

Chia-Samen sind ein echtes Superfood. 100 Gramm enthalten 31 Gramm Fett, davon 20 Gramm Linolensäure (die pflanzliche Form von Omega-3-Fettsäure). 2 Teelöffel Chia-Samen enthalten mehr Omega 3 als ein normalgroßes Lachsfilet. Omega 3 regelt den Hormonhaushalt des Körpers und wirkt entzündungshemmend. Chia-Samen enthalten außerdem Mineralstoffe wie Magnesium, Kalium und Zink.

100 Gramm Chia-Samen enthalten 21 Gramm Protein (mit 18 Aminosäuren!) – das macht sie zu einer wichtigen pflanzlichen Proteinquelle. Chia-Samen enthalten außerdem große Mengen von wasserlöslichen Ballaststoffen. Diese regen die Darmtätigkeit an und regulieren den Blutzuckerspiegel.

Für 2 Gläser

- 2 EL Chia-Samen
- 4 EL Goji-Beeren
- 150 ml Apfelsaft, frisch gepresst
- 150 g Erdbeeren, tiefgefroren
- 250 ml Kombucha oder Wasserkefir, natur
- 1 Banane, tiefgefroren

Die Chia-Samen und Goji-Beeren 10–15 Minuten in dem Apfelsaft einweichen. Alle Zutaten zu einem herrlich gesunden Vitamincocktail mixen.

Grapefruit-Bucha

Der Vitamin-C-Gehalt einer Grapefruit ist höher als der Tagesbedarf eines Erwachsenen. Rosa Grapefruits enthalten mehr Zucker als gelbe. Grapefruit kräftigt das Immunsystem, ist gut für den Teint und enthält Antioxidantien, die unter anderem vor Herz- und Gefäßkrankheiten und Krebs schützen sollen. Grapefruit soll außerdem gegen Grippe sowie Entzündungen des Mund- und Rachenbereichs, der Ohren und der Harnwege schützen sowie den Cholesterinspiegel und den Blutdruck senken. Zerstoßene Grapefruitkerne wirken nicht nur antibakteriell, sondern auch antifungal und sind daher wirksam bei Pilzinfektionen.

Man sollte den Genuss von Grapefruit allerdings vermeiden, wenn man bestimmte Medikamente einnimmt, besonders gegen Herz- und Blutdruckbeschwerden. Befragen Sie in diesem Fall vorher Ihren Arzt.

Für 2 Gläser

- 2 TL Chia-Samen
- 250 ml Kombucha, natur
- 4 Grapefruit
- 150 g Ananas, tiefgefroren
- 1 EL Macapulver
- 1 EL Lucumapulver

Die Chia-Samen 10–15 Minuten in dem Kombucha einweichen. Die Grapefruit schälen und filetieren (die Schale, die weiße Haut und die Kerne sorgfältig entfernen). Alle Zutaten zu einem herrlichen Smoothie mixen.

Zaubertrank

In der Volksmedizin werden Hagebutten traditionell gegen Skorbut (eine Vitamin-C-Mangelkrankheit) angewendet. Auch als Hausmedizin gegen Verstopfung, Abgeschlagenheit, Gelenkschmerzen, Entzündungen der Darmschleimhaut, Emphyseme, Ohrenkrankheiten, Hämorrhoiden, Harnwegsinfektionen, Kolik, Gelenkbeschwerden sowie Steifheit von Hals, Rücken, Beinen und Füßen wurde die Hagebutte lange sehr geschätzt. Und nicht nur Menschen wurden mit Hagebutten behandelt, sondern auch Pferden verabreichte man sie zur Stärkung der Abwehrkräfte.

Hagebuttenpulver wird aus im Ganzen getrockneten Hagebutten hergestellt und enthält 60-mal mehr Vitamin C als Zitrusfrüchte. Hagebutten sind außerdem reich an Antioxidantien und lebenswichtigen Mineralstoffen wie Eisen, Kalzium, Kalium und Magnesium. Sie enthalten viel Folsäure – sehr wichtig für stillende Frauen, Schwangere sowie Frauen, die gern schwanger werden möchten. Man kann Hagebuttenpulver sehr leicht selbst herstellen: Einfach die Hagebutten trocknen und dann zu Pulver zermahlen.

Für 2 Gläser

- 250 ml Löwenzahntee, gekühlt
- 2 Äpfel, entkernt
- 2 EL Kürbispüree
- 3 TL Hagebuttenpulver
- 2 TL Chagapulver
- 1 TL Macapulver
- 1 TL Lucumapulver
- 250 ml Kombucha oder Wasserkefir, natur

Alle Zutaten zu einem supergesunden Zaubertrank mixen.

TIPP
Frische Brennnesselblätter passen ebenfalls hervorragend in diesen Smoothie, aber sie sollten vorher mindestens eine halbe Stunde gewässert werden.

Johannisbeeren-Bucha

Rote Johannisbeeren sind reich an Vitamin C und K sowie Kalium. Sie enthalten außerdem sehr viele Ballaststoffe. Aus Roten und Schwarzen Johannisbeeren kann man übrigens leckeren Beerenwein brauen! Reife Beeren lassen sich außerdem ausgezeichnet einfrieren.

Für 2 Gläser

- 150 g Rote Johannisbeeren, tiefgefroren
- 50 g Himbeeren, tiefgefroren
- 50 g Brombeeren, tiefgefroren
- 50 g schwarze Johannisbeeren, tiefgefroren
- 1 Banane
- 400 ml Kombucha, natur
- 1–2 Medjool-Datteln, entsteint

Alle Zutaten zu einem wunderbar beerigen Smoothie mixen.

TIPP

Wenn der Mixer nicht sehr leistungsstark ist, die Beeren vorher etwas auftauen lassen. Für Beeren-Smoothies kann man eigentlich jede beliebige Beerenmischung verwenden. Wer keine Datteln mag, kann zum Süßen auch Bananen oder Ananas verwenden.

Würziger Mango-Kombucha-Smoothie

Kombucha-Tee ist ein Heiltrunk mit langer Geschichte. In der traditionellen chinesischen Medizin gilt er als Getränk der Unsterblichen und Lebenselixier. Laut seinen Anhängern besitzt er viele gesundheitsfördernde Eigenschaften, u. a. Verbesserung der Verdauung, schönere Haut und Linderung von Schmerzen in Körper und Gelenken. Kombucha lindert auch das Hungergefühl und Magen-Darm-Probleme – z. B. Blähungen, Verstopfung und Nebenwirkungen von Arzneimitteln. Das Getränk soll außerdem die Immunabwehr stärken und somit Erkältungen und Grippe vorbeugen. Kombucha-Tee enthält Milchsäurebakterien, Essigsäure, Polysaccharide, die Vitamine C, E, K, B1, B2, B3, B6 und B12 sowie die Mineralien Eisen, Natrium, Mangan, Magnesium, Kalium, Kupfer und Zink.

Der Tee wird aus dem fermentiertem Kombucha-Pilz produziert (auch Wolga- oder Teepilz genannt). Der Pilz variiert in der Färbung von hell und durchsichtig bis teebraun. Das Getränk wird durch Mischung von Hefe- und Bakterienkulturen mit Zucker und Tee (schwarz, grün oder Oolong) hergestellt und gärt für ca. zehn Tage. Kombucha-Tee ist in verschiedenen Geschmacksrichtungen erhältlich. Wenn Sie Kombucha-Kulturen bekommen, können Sie auch eigenen Tee herstellen und aromatisieren.

In der traditionellen chinesischen Medizin gilt Kombucha als Trank der Unsterblichkeit und Lebenselixir.

Für 2 Gläser

- 1 Zitrone
- 400 ml Kombucha, natur
- ½–1 TL Ingwer, frisch gerieben
- 150 g Mango, tiefgefroren

Zitrone auspressen. Alle Zutaten zu einem würzigen, süßen Smoothie mixen.

Schönheitselixire & Detox-Smoothies

In diesem Kapitel habe ich Rezepte mit allen Arten von Superfoods entwickelt, die die natürliche Entgiftung fördern. Das führt zu schönerer Haut, Nägeln und Haaren – und macht glücklich! Schönheit und Glück kommen von innen, also stellen Sie sicher, dass Sie jeden Tag mit etwas oder einem Menschen, den Sie lieben, beginnen. Starten Sie mit Musik in den Tag und geben Sie Ihrem Körper, was ihn glücklich macht und was er braucht: gesunde Ernährung, Sport, sich im Freien aufhalten. Umgeben Sie sich mit Menschen, die Sie bedingungslos für genau das lieben, was Sie ausmacht.

Probiotisches »Unkraut«

Dreiblatt oder Giersch (Aegopodium podagraria) gilt allgemein als Unkraut, doch in Wirklichkeit handelt es sich um eine ausgewilderte Gemüsesorte, die vor langer Zeit in Klostergärten angebaut wurde. Man kann den so geschmähten Giersch also tatsächlich wunderbar verzehren! Wie andere grüne Blattgemüse ist Giersch reich an Vitaminen und Mineralstoffen. Er schmeckt warm und kalt als Zutat in Smoothies, Suppen, Aufläufen, Salaten, Gemüsebratlingen und sogar als Pesto.

Giersch ist eine meine Lieblingsgemüsesorten und ich freue mich jedes Jahr auf die ersten hellgrünen Schösslinge. Freuen Sie sich also, wenn Sie Giersch im Garten haben – denn dann brauchen Sie nie mehr Spinat zu kaufen!

Für 2 Gläser

- **250 ml Löwenzahntee**
- **250 ml Apfelsaft oder Wasser (demineralisiert) mit dem Saft einer ½ ausgedrückten Zitrone**
- **60 g Gierschblätter**
- **1 TL Brennnesselpulver oder eine Handvoll frischer Blätter (mindestens 30 Minuten wässern)**
- **2 Äpfel, entkernt**
- **1–2 Medjool-Datteln, entsteint**

Alle Zutaten zu einem herrlich grünen Smoothie mixen.

> **VORSICHT**
> Vergewissern Sie sich vor dem Pflücken, dass es sich mit Sicherheit um Giersch handelt. Essen Sie niemals etwas, von dem Sie nicht ganz genau wissen, was es ist!

Brennnessel-Elixir

Gibt es eigentlich jemanden, der sich noch nie an Brennnesseln verbrannt hat? Dennoch ist kaum eine Pflanze so nützlich wie dieses oft geschmähte „Unkraut".

Im 16. und 17. Jahrhundert verwendete man Brennnesseln als Heilmittel gegen Lähmungen, Rheuma, Skorbut, Schwindsucht, Husten – und wegen der behaarten Blätter sogar gegen Haarausfall! Leider zeigte die Behandlung oft nicht den gewünschten Heilerfolg, obwohl der hohe Anteil an Vitaminen und Mineralstoffen sicherlich nicht geschadet hat. Heute schätzt man Brennnesseln für ihre blutreinigende und generell stärkende Wirkung.

Die jungen Brennnesseltriebe haben den höchsten Anteil an Nährstoffen. Sie sind reich an Chlorophyll, Betacarotin, Kalzium, Kalium, Magnesium, Eisen, Kieselsäure, Mangan, Flavonoiden, Provitamin A, C und K Vitamin B sowie Folsäure. Brennnesselpulver ist einfach in der Anwendung und im Bioladen erhältlich. Ein Teelöffel Pulver deckt den Tagesbedarf an Vitamin C.

Für 2 Gläser

30 g Spinat

1 Birne, entkernt

½–1 TL Ingwer

2–3 TL Brennnesselpulver (oder eine Handvoll frischer Blätter, eine Stunde in Wasser eingeweicht)

250 ml Wasser (demineralisiert) mit dem Saft einer ½ ausgedrückten Zitrone

250 ml Apfelsaft, frisch gepresst

Alle Zutaten zu einem wunderbar grünen Smoothie mixen.

Grüne Kraftmaschine

Spirulina enthält 60–70 Prozent Protein, das sind sechsmal soviel wie in Eiern und dreimal soviel wie in Rindfleisch. Es setzt sich aus 18 verschiedenen Aminosäuren zusammen, von denen acht für den Menschen lebensnotwendig sind. Spirulina enthält außerdem wichtige Mineralstoffe, darunter Kalzium, Magnesium, Natrium, Kalium, Phosphor, Jod, Selen, Eisen, Kupfer, Zink und ein breites Spektrum von B-Vitaminen wie B1, B2, B5, B6, B11, B12, sowie Vitamin C und E. Der Gehalt an Betacarotin, der im Körper zu Vitamin A umgewandelt wird, ist 15-mal höher als bei Möhren und 40- bis 60-mal höher als bei Spinat.

Für 2 Gläser

60 g Spinat

1–2 TL Ingwer, gerieben

½ Avocado

250 g Ananas, tiefgefroren

400 ml Apfelsaft oder Wasser (demineralisiert) mit dem Saft einer ½ ausgedrückten Zitrone

1 TL Spirulinapulver

1 TL Weizengraspulver

Alle Zutaten zu einem wunderbar grünen Smoothie mixen.

TIPP

Sie können die Dosis auf maximal 2 TL Spirulinapulver erhöhen, aber seien Sie vorsichtig! Das Pulver hat einen starken Eigengeschmack, der nicht jedem zusagt.

Verjüngungstrunk

Ich mixe oder püriere die Avocado und benutze sie ein- bis zweimal pro Woche als Gesichts-, Körper- oder Haarmaske. Der einzige Nachteil ist, dass man die Dusche danach sauber machen muss. Doch die Avocado lässt die Haut und das Haar gut aussehen, deswegen ist es die Mühe wert.

Für 2 Gläser

2 Avocados, entkernt und geschält

60 g Spinat

250 ml Brottrunk

150 ml Apfelsaft, frisch gepresst

1 Banane

1 Limette, Saft

Alle Zutaten zu einem glatten Smoothie mixen.

Löwenzahntraum

Der milchige Saft des Löwenzahns enthält Bitterstoffe, die appetitanregend und entschlackend wirken und gut für Leber, Bauchspeicheldrüse und Nieren sind. Im Spätsommer ist der Bitterstoffgehalt am höchsten in der Wurzel, im Frühjahr in den Blättern. Neben den Bitterstoffen ist Löwenzahn auch reich an Vitamin B und C sowie Kalium. Er hat eine stark harntreibende Wirkung und wird bei Gallen- und Leberleiden sowie Gicht und Rheuma angewandt.

Man kann aus Löwenzahn Wein, Sirup oder Tee machen oder die frischen Blätter als Salat essen. Im Krieg profuzierte man Ersatzkaffee aus gerösteten Löwenzahnwurzeln. Eine 14-Tage-Kur mit frischen Löwenzahnstängeln soll gegen Müdigkeit und Schwächegefühle helfen. Der Wurzel wird außerdem blutreinigende und kräftigende Wirkung nachgesagt.

Für 2 Gläser

- 30 g Löwenzahnblätter
- 30 g Alfalfakeime (oder andere milde Keime)
- 300 g Honigmelone
- Saft einer ½ Zitrone
- 1–2 Datteln
- 250 ml Apfelsaft oder Wasser (demineralisiert) mit dem Saft einer ½ ausgedrückten Zitrone

Alle Zutaten zu einem grünen Smoothie mixen.

Rote-Bete-Detox

Rote Bete enthält neben anderen Mineralstoffen Kalzium, Vitamin C, Eisen, Magnesium, Phosphor und Mangan. Sie reinigt das Blut und stimuliert die Bildung roter Blutkörperchen. Studien haben gezeigt, dass Rote Bete die Sauerstoffaufnahme der Zellen und somit die Ausdauer beim Leistungssport steigert. Rote Bete ist oft wirksam bei hohem Blutdruck und Magengeschwüren und reinigt Darm, Leber und Gallenblase von Toxinen.

Für 2 Gläser

60 g Romana-Salat, gehackt

150 g rote Bete, geschält und gehackt (frisch oder gekocht)

2 Äpfel, entkernt

1–2 TL Ingwer, gerieben

400 ml Apfelsaft oder Wasser (demineralisiert) mit dem Saft einer ½ ausgedrückten Zitrone

Eiswürfel (nach Belieben)

Alle Zutaten zu einem tiefroten Smoothie mixen. Soll der Smoothie kälter werden, zum Schluss noch ein paar Eiswürfel darunter mixen.

Fröhlicher Weizengrashüpfer

Eine gute Ananas erkennt man daran, dass sie prall ist. Ob sie reif ist, kann man durch das Lösen eines Blatts erkennen. Löst es sich leicht, ist die Ananas reif. Sie kann jedoch auch überreif sein, also wählen Sie besser eine Frucht, deren Blatt sich nicht löst, und lassen diese zu Hause nachreifen. Ich wasche die Ananas, trenne die Enden, die Schale und den harten Mittelteil ab und hacke sie in grobe Stücke. In der Ananassaison kaufe ich gleich mehrere Früchte und friere sie ein. Dafür gebe ich die Fruchtwürfel zunächst auf ein Backblech, bedecke sie mit Backpapier und friere sie ein. Danach werden sie dann zur Lagerung in eine Plastiktüte umgefüllt. Nicht vergessen, das Datum auf die Tüte zu schreiben! Ananas hält sich im Gefrierfach bis zu 6 Monate.

Für 2 Gläser

250 g Ananas, tiefgefroren

1–2 TL Ingwer, gerieben

2–3 TL Weizengraspulver (oder eine Handvoll frisches Gras)

400 ml Apfelsaft oder Wasser (demineralisiert) mit dem Saft einer ½ ausgedrückten Zitrone

Alle Zutaten zu einem leckeren Gesundheitsbooster mixen

Quelle ewiger Jugend

Aloe vera ist eine der ältesten Heilpflanzen der Menschheitsgeschichte – sie wird schon seit Tausenden von Jahren in der Volksmedizin angewandt. Heute wird Aloe vera meist in begrenzten Mengen in Säften und Erfrischungsgetränken verwendet (es lohnt sich daher, das Etikett genau zu lesen!). Idealerweise sollte es sich um kaltgepressten Saft handeln.

Frische Aloe kann in größeren Mengen abführend wirken, daher ist bei der Aufnahme von größeren Mengen Vorsicht geboten!

Für 2 Gläser

30 g Spinat

½ Avocado

150 g Ananas, tiefgefroren

Saft von 150 ml Aloe Vera

250 ml Brottrunk

**2–3 TL Weizengraspulver
(oder eine Handvoll frisches Gras)**

Alle Zutaten zu einem glatten Smoothie mixen.

Treibstoff fürs Gehirn

Ginkgo biloba gehört zu den weltweit meistverkauften Heilpflanzen. Die Blätter und Samen des Ginkgobaums, auch Fächerblattbaum genannt, fördern Blutzirkulation, Konzentrationsvermögen und Gedächtnis und können daher vor Demenzkrankheiten schützen.

Für 2 Gläser

- **250 ml Ginkgo-Tee, gekühlt**
- **150 ml Apfelsaft oder Wasser (demineralisiert) mit dem Saft einer ½ ausgedrückten Zitrone**
- **2 TL Chia-Samen**
- **250 g Heidelbeeren, tiefgefroren**
- **½ TL Zimt**
- **¼ TL Kardamom**
- **½ TL Ingwer, gerieben**
- **1 Prise Cayennepfeffer**

Den Tee nach der Packungsanleitung zubereiten und kühlen. Die Goji-Beeren für 10–15 Minuten in dem Apfelsaft oder Zitronenwasser einweichen. Alle Zutaten zu einem herrlich blauvioletten Smoothie mixen.

TIPP
Der Tee hält sich in einem verschlossenen Glasgefäß etwa eine Woche lang.

Lebenselixir

Weizengras enthält viel Vitamin A und C und ist ungewöhnlich reich an Vitamin B. Es ist außerdem eine ausgezeichnete Quelle von Mineralstoffen wie Kalzium, Eisen, Magnesium, Phosphor, Kalium, Natrium, Schwefel, Kobalt, Zink sowie von Proteinen. Der Saft reinigt das Blut und senkt den Blutdruck, entgiftet den Körper und stärkt den Kreislauf, indem er die Aufnahme von Eisen in den Blutkreislauf unterstützt. Weizengras ist übrigens glutenfrei!

Man kann Weizengras ganz leicht selbst ziehen. Dafür die Samen 1–2 Tage in Wasser einweichen und das Wasser dabei öfter wechseln. Dann eine 1–2 cm dicke Substratschicht in einen Anzuchtkasten geben, leicht andrücken und befeuchten. Die Samen dicht darauf ausstreuen, jedoch nicht mit Erde bedecken. Das Substrat in den ersten drei Tagen feucht halten (am besten mithilfe einer Sprühflasche), danach gelegentlich gießen und dabei vor allem darauf achten, dass die Erde gleichmäßig feucht bleibt. Den Kasten an einen hellen Platz stellen. Das Gras kann geerntet werden, wenn es etwa 18 cm hoch ist.

Für 2 Gläser

- **Eine Handvoll frisches Weizengras, gehackt (oder 2 TL Pulver)**
- **100 ml Bio-Kokosmilch ohne Zusätze**
- **250 g Ananas, tiefgefroren**
- **2–3 TL Ingwer, gerieben**
- **1 TL Kokosöl, extra vergine**
- **250 ml Apfelsaft oder Wasser (demineralisiert) mit dem Saft einer ½ ausgedrückten Zitrone**

Alle Zutaten zu einem leckeren Smoothie mixen. Ich trinke dieses Lebenselixier selbst fast jeden Tag, verwende dabei jedoch die doppelte Menge Ingwer und die dreifache Menge Weizengras.

Schwarze Magie

Der Chagapilz (Inonotus obliquus) gilt als der heilkräftigste aller Heilpilze. In Sibirien nennt man ihn „Pilz der Unsterblichkeit", „Das Geschenk der Götter" oder „Himmelsgeschenk". In Asien wird der Chagapilz schon seit Tausenden Jahren als Heilmittel und zur Stärkung des Immunsystems angewendet.

Der Pilz soll gegen Brust-, Leber-, Gebärmutter- und Magenkrebs sowie gegen Bluthochdruck helfen und bei Schuppenflechte in 100 Prozent der Versuchsfälle wirksam gewesen sein. Außerdem soll er den Blutzuckerspiegel senken.

Der Chagapilz bekämpft Viren und Bakterien, Pilzinfektionen, stärkt das Immunsystem und hilft dadurch gegen Autoimmunkrankheiten. Das Gute ist, dass man ihn nicht überdosieren kann.

Ich verwende ihn als Tee, als Absud oder als Extrakt und nutze ihn in Pulverform als Zutat in meinen Smoothies.

Für 2 Gläser

- 250 ml Chagatee, gekühlt
- 50 g Cashewkerne, ungesalzen
- 2 TL Hanfsamen, geschält
- 300 g Brombeeren, tiefgefroren
- ½ TL Zimt
- 1–2 Medjool-Datteln, entsteint
- 250 ml Kefir (nach Belieben)

Den Chagatee nach Packungsanweisung kochen und abkühlen lassen. Zuerst die Cashewkerne mit dem Tee mischen und dann mit den anderen Zutaten zu einem magischen Smoothie mixen.

Totale Detoxifikation

Ich ziehe Spinat im eigenen Garten und ernte eigentlich jedes Mal mehr, als ich verbrauchen kann. Daher gibt es in meinem Gefrierschrank einen großen Spinatvorrat. Ich finde es am praktischsten, die Blätter im Mixer zu zerkleinern und in Eiswürfelbehältern einzufrieren. Die Spinatwürfel kommen in eine verschließbare Plastiktüte und halten sich dann etwa 6 Monate (Datum nicht vergessen!).

Für 2 Gläser

- **60 g Spinat**
- **30 g Grünkohl ohne Stängel**
- **400 ml Apfelsaft oder Wasser (demineralisiert) mit dem Saft einer ½ ausgedrückten Zitrone**
- **2 TL Weizengraspulver**
- **1 TL Spirulinapulver**
- **1–2 TL Ingwer, gerieben**
- **250 g Ananas, tiefgefroren**

Zuerst Spinat, Grünkohl und Apfelsaft oder Zitronenwasser mixen, dann die übrigen Zutaten dazugeben und zu einem leckeren grünen Smoothie verarbeiten.

Smoothie Bowls

Wer kann schon einer Schale gesunder Süßigkeiten, köstlich garniert, widerstehen? Ich liebe normale Smoothies, habe vor Kurzem aber meine Leidenschaft für Smoothie Bowls entdeckt.

Smoothie Bowls sind leckere, sättigende, nährstoffreiche Kombinationen der klassischen Grütze mit anderem Inhalt und viel mehr Aroma. Eine Smoothie Bowl passt ausgezeichnet zum Frühstück, als Zwischenmahlzeit, als schnelles Mittagessen oder als Dessert – abhängig von den Zutaten. Sie hat eine dickere Konsistenz als normale Smoothies und enthält mehr Energie, da eine Smoothie Bowl voller Ballaststoffe, Vitamine, Mineralien, Antioxidantien und gesunden Fetten steckt. Als Toppings verwende ich hausgemachtes Müsli und Granola, frische und getrocknete Beeren und Obst, alle Sorten Nüsse und Samen sowie Gemüse. Eine Smoothie Bowl muss so dick sein, dass man sie mit dem Löffel essen kann.

Nüsse-Bowl

Diese Smoothie Bowl enthält jede Menge verschiedener Nüsse! Wenn Sie nicht alle Sorten im Haus haben, einfach vorrätige verwenden. Um das Beste aus Nüssen herauszuholen, weiche ich sie am Vorabend in einem Glas ein, schraube einen Deckel auf und lasse sie über Nacht im Kühlschrank stehen. Dann keimem die Nüsse, die schwer verdaulichen Enzyme verschwinden, die Nüsse werden zur „lebenden Nahrung". Am nächsten Morgen spüle ich die Nüsse ab und mixe sie zu einer sättigenden Smoothie Bowl.

Für 1 Portion

150 ml Nussmilch oder Wasser

20 g Haselnüsse

20 g Walnüsse

20 g Cashewkerne

20 g Pistazienkerne

20 g Mandeln

1 EL Hanfsamen

1 EL Chia-Samen

2 EL Rohkakao

1 EL Carob (kann entfallen)

3–4 Datteln, entkernt

2 Bananen, tiefgekühlt

Eis

Topping

Bananenscheiben, Müsli oder Granola, gemischte Nüsse, Datteln, in Scheiben, Hanfsamen, Chia-Samen, Kokosflocken, ungesüßt

1. Zutaten in der Reihenfolge der Zutatenliste in den Mixer geben. Zu einer sämigen, frostigen Smoothie Bowl mixen.

2. In eine Schale füllen und mit Banane, Müsli, Nüssen, Datteln, Hanfsamen, Chia-Samen und Kokosflocken garnieren.

3. Sofort servieren und genüsslich löffeln.

Haselnussschokolade & Hanfsamen

Haselnüsse sind reich an Vitamin E, einem Antioxidant, das die Zellen vor sogenanntem oxidativem Stress schützt. Die Nüsse enthalten auch Ballaststoffe, Magnesium und das Vitamin Folat.

Etwa 75 % der Haselnüsse weltweit werden in der Türkei produziert. Haselbäume und -büsche wachsen jedoch fast überall auf der Welt. Nach dem Sammeln trocknen die Nüsse 15 bis 20 Tage in der Sonne.

Für 1 Portion

150 ml Haselnussmilch

30 g Haselnüsse, mindestens 1 Stunde einweichen

2 EL Hanfprotein oder 3 EL Hanfsamen, geschält

2 EL rohes Kakaopulver

3 Datteln, entkernt

1 EL Chia-Samen

2 Bananen, tiefgekühlt

Topping

Haselnüsse

Datteln

Rohe Kakaonibs oder rohe Schokolade (90–100 %)

Hanfsamen

1. Zutaten in der Reihenfolge der Zutatenliste in den Mixer geben. Zu einem cremigen, frostigen Smoothie Bowl mixen. Für eine eisähnliche Konsistenz einige Eiswürfel zugeben und nochmals mixen.

2. In eine Schale füllen und mit Haselnüssen, Dattelscheiben, Kakaonibs oder roher Schokolade und Hanfsamen garnieren.

3. Sofort servieren und genüsslich löffeln.

Açai, Grünkohl & Beeren

Açaí ist eine Superbeere aus den Regenwäldern Südamerikas. Sie steckt randvoll mit Antioxidantien, Vitaminen und essenziellen Fettsäuren. Zudem enthält sie viel Vitamin B, C, Mineralien, Ballaststoffe und Protein. Im Vergleich zu anderen Früchten ist auch der Gehalt an Kalium, Kalzium, Eisen, Magnesium, Kupfer, Phosphor und Zink ungewöhnlich hoch. Açaí-Beeren sind reich an Anthocyanen, den nützlichen Antioxidantien, die der Beere ihre violette Farbe verleihen.

Die Açaí-Beere ist eigentlich ein Steinobst. Nur zehn Prozent sind essbar, der Rest besteht aus Kernen. Der Geschmack ist vollmundig – eine Mischung aus Blaubeeren, Oliven und Schokolade. Neben dem hohen Gehalt an Vitaminen und Antioxidantien (7-mal so viel wie in Blaubeeren) enthält die Açaí-Beere auch gute Fettsäuren.

Açaí erfreut sich als Zutat für Smoothies und Säfte immer größerer Beliebtheit. Da die Beeren jedoch schnell verderben, werden sie meist als pasteurisierter Saft angeboten. Bei der Pasteurisierung gehen jedoch viele der Nährstoffe verloren. Deshalb ist gefriergetrocknetes Açaíbeerenpulver die bessere Alternative. Das Pulver ist in gut sortierten Bio- oder Reformkostläden erhältlich.

Für 1 Portion

4 Blätter Grünkohl oder eine Handvoll Spinat

200 ml Mandelmilch, ungesüßt

2 TL Hanfsamen

2 TL Açai-Beeren-Pulver

100 g Blaubeeren, tiefgekühlt

100 g Erdbeeren, tiefgekühlt

1 Banane, tiefgekühlt

Topping

Erdbeeren

Blaubeeren

Mandeln

1. Den Grünkohl kurz mit der Mandelmilch mixen.
2. Die restlichen Zutaten in Reihenfolge der Zutatenliste zugeben. Zu einer sämigen, frostigen Smoothie Bowl mixen.
3. In eine Schale füllen und mit frischen Erdbeeren, Blaubeeren und Mandeln garnieren.
4. Sofort servieren und genüsslich löffeln.

Brombeeren & Kokos

Brombeeren verdanken ihre dunkle Farbe den Anthocyanen, einem chemischen Farbpigment und Antioxidans, das im Körper entzündungshemmend wirkt und vor freien Radikalen schützt, die sonst Zellen schädigen und zu Krebs beitragen können.

Für 1 Portion

100 ml Kokosmilch

1 EL Kürbiskerne, ungeröstet

1 EL Sonnenblumenkerne, ungeröstet

2 EL Kokosflocken, ungesüßt

1 EL Chia-Samen

3 Datteln, entkernt

150 g Brombeeren, tiefgekühlt

1 Banane, tiefgekühlt

Topping

Brombeeren

Kürbiskerne

Kokosflocken, ungesüßt

1. Zutaten in der Reihenfolge der Zutatenliste in den Mixer geben. Zu einer sämigen, frostigen Smoothie Bowl mixen. Für eine eisähnliche Konsistenz einige Eiswürfel zugeben und nochmals mixen.

2. In eine Schale füllen und mit Brombeeren, Kürbiskernen und Kokosflocken garnieren.

3. Sofort servieren und genüsslich löffeln.

Walderdbeeren-Kokos-Bowl

Der perfekte Sommer-Snack – leicht, erfrischend und sättigend.

Für 1 Portion

100 ml Kokosmilch

100 ml Kokoswasser

1 TL Kokosöl, roh

2 TL Chia-Samen

2 EL veganes Proteinpulver (kann entfallen)

2 EL Kokosflocken, ungesüßt

100 g Walderdbeeren, tiefgekühlt

100 g Erdbeeren, tiefgekühlt

1 Banane, tiefgekühlt

Topping

Walderdbeeren

Kokosflocken, ungesüßt

Kürbiskerne

Hanfsamen

1. Zutaten in der Reihenfolge der Zutatenliste in den Mixer geben. Zu einer cremigen, frostigen Smoothie Bowl mixen.
2. In Schalen füllen und mit Walderdbeeren, Kokosflocken, Kürbiskernen und Hanfsamen garnieren.
3. Sofort servieren und genüsslich löffeln.

Buchweizen-Blaubeeren-Bowl

Eine meiner Lieblingsspeisen ist Buchweizenbrei. Jeder, der mich kennt, weiß, dass ich absolut verrückt nach diesen kleinen fantastischen Körnern bin, die ich mehrmals die Woche als nahrhaften Brei esse. Meine Tochter liebt Buchweizen-Pfannkuchen, Buchweizen-Cupcakes und Buchweizen-Brot.

Energiespendender und nahrhafter Buchweizen ist das ganze Jahr über erhältlich und kann perfekt für Smoothies verwendet werden, wenn er acht Stunden lang eingeweicht und anschließend abgespült wurde. Viele Menschen denken, dass Buchweizen ein Getreide ist. Tatsächlich ist es aber ein Fruchtsamen, der mit Rhabarber und Sauerampfer verwandt und daher ein guter Ersatz für Personen ist, die empfindlich auf Weizenprodukte oder glutenhaltige Körner reagieren.

Für 1 Portion

150 ml Vanille-Soja-Joghurt (oder Vanillejoghurt)

50 g Buchweizen, über Nacht eingeweicht

1 EL Hanfsamen

1 TL Chia-Samen

1 EL Kokosflocken, unbehandelt

3 Datteln, entkernt

100 g Blaubeeren, tiefgekühlt

1 Banane, tiefgekühlt

Topping

Blaubeeren, frisch oder tiefgekühlt

Buchweizen, über Nacht eingeweicht

Kokosflocken, ungesüßt

Minzblätter

1. Zutaten in der Reihenfolge der Zutatenliste in den Mixer geben. Zu einer sämigen, frostigen Smoothie Bowl mixen.
2. In eine Schale füllen und mit Blaubeeren, Buchweizen und Minze garnieren.
3. Sofort servieren und genüsslich löffeln.

Avocado-Kakao-Açai-Bowl

Rohes, organisches Kakaopulver enthält über dreihundert nährstoffreiche Substanzen, wie eine hohe Anzahl von Antioxidantien, Magnesium, Eisen, Chrom, Vitamin C und Endorphine. Es besteht zu 100 Prozent aus Kakao und war nicht hohen Temperaturen ausgesetzt, bei denen viele Nährstoffe verloren gehen.

Für 1 Portion

100 ml Mandelmilch

½ Avocado

2 Datteln, entkernt

2 TL roher Kakao

3 TL Açai-Beeren-Pulver

1 Banane, tiefgekühlt

Topping

Banane

Kokosflocken, ungesüßt

Rohe Kakaonibs oder rohe Schokolade (90–100 %)

1. Zutaten in Reihenfolge der Zutatenliste in den Mixer geben. Zu einer cremigen Smoothie Bowl mixen. Für eine eisähnliche Konsistenz einige Eiswürfel zugeben und nochmals mixen.
2. In eine Schale füllen und mit Bananenscheiben, Kokosflocken, Kakaonibs oder Schokosplittern garnieren.
3. Sofort servieren und genüsslich löffeln.

Maqui, Blaubeeren & Hafer

Haferflocken sind nährstoffreich und sättigend und daher eine perfekte Zutat für Smoothies. Sie enthalten Thiamin, Eisen und Ballaststoffe.

Haferflocken sind normalerweise glutenfrei. Jedoch wächst Hafer oft auf denselben Feldern und wird in den gleichen Maschinen verarbeitet wie Weizen, Gerste und Roggen, was sie wiederum nicht glutenfrei macht.

Glutenfreier Hafer stammt nur von Feldern, auf denen keine glutenbeinhaltenden Feldfrüchte (Weizen, Gerste, Roggen) angebaut wurden und wird in glutenfreien Transportfahrzeugen befördert und von glutenfreien Geräten verarbeitet.

Für 1 Portion

- 50 g Haferflocken
- 150 ml Mandelmilch
- 1 EL Chia-Samen
- ½ TL Vanilleextrakt
- 1 Prise Himalayasalz
- 1 TL Bienenpollen (kann entfallen)
- 1 TL Agavensirup oder roher Honig
- 1 EL veganes Proteinpulver (kann entfallen)
- 2 EL Maqui-Beerenpulver
- 200 g Blaubeeren, tiefgekühlt
- 1 Banane, tiefgekühlt

Topping
- Blaubeeren
- Mandelsplitter
- Bienenpollen (kann entfallen)
- Minzzweig

1. Haferflocken, Mandelmilch, Chia-Samen, Vanilleextrakt und Salz in einer Schale mischen, abdecken und mindestens 30 Minuten oder über Nacht in den Kühlschrank stellen.
2. Die Haferflockenmischung mit den restlichen Zutaten in den Mixer geben und zu einer cremigen Smoothie Bowl mixen.
3. In eine Schale füllen und mit Blaubeeren, Mandelsplittern und frischen Minzblättern garnieren.
4. Sofort servieren und genüsslich löffeln.

Erdnuss-Schoko

Erdnussbutter ist sehr gesund, reich an Ballaststoffen, Proteinen, gesunden Fetten, Mineralien und Vitaminen. Außerdem ist sie sättigend. Eine gute Erdnussbutter sollte aus ökologischem Anbau stammen und zu mindestens 99 Prozent aus Nüssen bestehen. Außer eventuell etwas Meersalz sollte sie nichts anderes enthalten. Man kann zwischen vielen verschiedenen Varianten wählen. Leider enthalten einige Produkte Palmöl und Zucker. Achten Sie darauf!

Für 1 Portion

100 ml Wasser

4 EL Erdnussbutter

2 EL veganes Proteinpulver

2 EL roher Kakao

2 Datteln, entkernt (nach Belieben)

2 Bananen, tiefgekühlt

Topping

Schokogranola

Banane

Erdnüsse, unbehandelt

Rohe Kakaonibs oder rohe Schokolade (90–100 %)

1. Zutaten in der Reihenfolge der Zutatenliste in den Mixer geben. Zu einer cremigen Smoothie Bowl mixen. Für eine eisähnliche Konsistenz einige Eiswürfel zugeben und nochmals mixen.

2. In eine Schale füllen und mit Schokogranola, Bananenscheiben, ganzen und gehackten Erdnüssen und Kakaonibs oder Schokosplittern garnieren.

3. Sofort servieren und genüsslich löffeln.

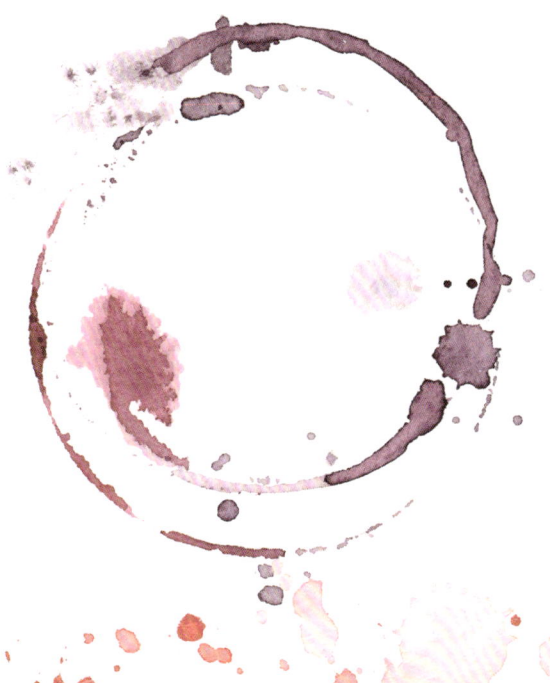

Cashew, Hanf & Ananas

Cashewkerne sind von Natur aus reich an Eisen, das zur Bildung der roten Blutkörperchen beiträgt. Außerdem wirkt es Müdigkeit und Erschöpfung entgegen. Die Nüsse sind reich an Ballaststoffen und den Mineralien Zink, Magnesium und Phosphor.

Cashewkerne stammen vom Acajou-Baum. Umschlossen von harter Schale wachsen sie an den Cashew-Äpfeln, einer Scheinfrucht in Form einer Paprika. Die Nüsse sind reif, wenn die Äpfel vom Baum fallen. Dann werden sie gesammelt und einige Tage in der Sonne getrocknet, bevor sie geschält und sortiert werden.

Für 1 Portion

Eine kleine Handvoll Babyspinat

200 ml Cashewmilch

1 EL Cashew-Butter

2 EL Hanfsamen

Saft einer ½ Limette

150 g Ananas, tiefgekühlt

1 Banane, tiefgekühl

Topping

Granola (nach Belieben)

Cashewkerne

Hanfsamen

1. Den Spinat kurz mit der Cashewmilch mixen.
2. Die restlichen Zutaten in der Reihenfolge der Zutatenliste zugeben. Zu einer cremigen, frostigen Smoothie Bowl mixen.
3. In eine Schale füllen und mit Granola, Cashewkernen und Hanfsamen garnieren.
4. Sofort servieren und genüsslich löffeln. Lecker, cremig und gesund!

Minze & Schokolade

Rohe Kakaonibs sind gebrochene Kakaobohnen, die bei bis zu 40 °C geröstet werden. So bleiben nahezu alle Nährstoffe erhalten, Zucker wird nicht zugesetzt. Kakao enthält über 300 Nährstoffe, unter anderem große Mengen an Antioxidantien, Magnesium, Eisen, Chrom und Vitamin C. Außerdem enthält er Endorphine, die Lustgefühle schenken und Depressionen lindern.

Studien zeigen, dass Kakao den Gehalt an Stickoxid in den Blutgefäßen erhöht. Diese werden erweitert, der Blutdruck sinkt. Niedriger Blutdruck senkt wiederum das Risiko für Hirnblutungen und Herzinfarkt.

Für 1 Portion

200 ml Cashew-Milch

1-2 TL Agavensirup oder roher Honig

einige Tropfen Minzöl (nach Belieben)

4 Blätter Grünkohl oder eine kleine Handvoll Babyspinat, gehackt

1 kleine Handvoll frische Minzblätter

2 EL roher Kakao

2 EL rohe Kakaonibs

½ Avocado

1 Banane, tiefgekühlt

Topping

Minzzweig

Rohe Kakaonibs oder rohe Schokolade (90–100 %)

Mandelsplitter

1. Zutaten in der Reihenfolge der Zutatenliste in den Mixer geben. Zu einer sämigen, cremigen Smoothie Bowl mixen. Für eine eisähnliche Konsistenz einige Eiswürfel zugeben und nochmals mixen.
2. In eine Schale füllen und mit Minze, Kakaonibs oder Schoko- und Mandelsplittern garnieren.
3. Sofort servieren und genüsslich löffeln.

Supergrüne Smoothie Bowl

Spinat ist ein Superfood mit vielen Antioxidantien. Die Blätter sind unglaublich nährstoffreich und enthalten unter anderem Vitamin A, C, E, K und B9 (Folsäure). Spinat ist außerdem reich an Kupfer, Eisen, Magnesium, Kalzium, Chlorophyll, Ballaststoffen und anderen nützlichen Stoffen.

Er hat einen hohen Gehalt an organischem Nitrat, das angeblich das körperliche Leistungsvermögen und den Muskelaufbau steigert. Studien haben gezeigt, dass Spinat die Effektivität der „Kraftwerke" der Muskelzellen, der Mitrochondrien, steigert und somit den Sauerstoffbedarf des Körpers bei Anstrengung senkt. Spinat soll außerdem wirksam sein gegen Krebs, Bluthochdruck und Magengeschwüre.

Für 1 Portion

- 150 ml Mandelmilch
- 1 EL Mandelbutter
- ¼ reife Avocado
- 1 Handvoll Spinat
- 3 Blätter Grünkohl
- 1 EL Leinsamen
- 1 Banane, tiefgekühlt
- 100 g Erdbeeren, tiefgekühlt
- 100 g Ananas, tiefgekühlt

Topping

- Granola (nach Belieben)
- Aprikosen
- Sonnenblumenkerne
- Blaubeeren
- Chia-Samen
- Goji-Beeren

1. Zutaten in der Reihenfolge der Zutatenliste in den Mixer geben. Zu einer cremigen, eisigen Smoothie Bowl mixen.
2. In Schalen füllen und mit Granola, Aprikosenscheiben, Sonnenblumenkernen, Blaubeeren, Chia-Samen und Goji-Beeren garnieren.
3. Sofort servieren und genüsslich löffeln.

Mandel-Chia-Bowl mit Zimt

Diese cremige und sättigende Smoothie Bowl gehört zu den Lieblingen meiner Tochter. Sie ist zwar erst vier Jahre alt, aber nichtsdetoweniger eine erfahrene Smoothie-Macherin und ein absoluter Smoothie-Fan. Sie ist ein Profi, wenn es um unseren Mixer geht, den sie natürlich nur unter Aufsicht benutzen darf. Ich ermutige sie dazu, eigene Rezepte zu machen, die sie gern mit ihren wiederverwendbaren Strohalmen trinkt oder die Smoothies zu Eis-Lollies umwandelt.

Für 1 Portion

- 100 ml Mandelmilch
- 1 EL Mandelbutter
- 3 Datteln, entkernt
- 1 EL veganes Proteinpulver (kann entfallen)
- 1 EL Chia-Samen
- 1 TL Zimt, gemahlen
- 2 Bananen, tiefgekühlt
- Eis

Topping

- Mandeln, ganz und gehackt
- Chia-Samen
- Datteln, in Scheiben
- Kokosflocken, ungesüßt
- Minzblätter

1. Zutaten in der Reihenfolge der Zutatenliste in den Mixer geben. Zu einer sämigen, frostigen Smoothie Bowl mixen.
2. In eine Schale füllen und mit Mandeln, Chia-Samen, Datteln, Kokosflocken und frischen Minzblättern garnieren.
3. Sofort servieren und genüsslich löffeln.

Antioxidantien-Smoothie-Bowl

Antioxidantien schützen vor Säureradikalen, also vor schädlichen Stoffen, die in unseren Zellen gebildet werden, wenn Säure zur Energiegewinnung genutzt wird. Besonders wirksam sind Vitamin C, E, Betacarotin, das Coenzym Q und das Metall Selen. Durch obst- und gemüsereiche Kost führt man die Antioxidantien zu, die der Körper benötigt.

Für 1 Portion

150 ml Mandelmilch

1 EL Kürbiskerne

1 EL Hanfsamen

1 TL Chia-Samen

1 EL Kokosflocken

3 Datteln

50 g Granatapfelkerne, frisch oder tiefgekühlt

50 g Kirschen, tiefgekühlt

50 g Brombeeren, tiefgekühlt

50 g Himbeeren, tiefgekühlt

1 Banane, tiefgekühlt

Topping

Müsli (siehe Rezepte ab Seite 355)

Blaubeeren

Himbeeren

Granatapfelkerne

Kokosflocken, ungesüßt

1. Zutaten in der Reihenfolge der Zutatenliste in den Mixer geben. Zu einer sämigen, frostigen Smoothie Bowl mixen.

2. In eine Schale füllen und mit Müsli, Blaubeeren, Himbeeren, Granatapfelkernen und Kokosflocken garnieren.

3. Sofort servieren und genüsslich löffeln.

TIPP

Für eine Variante mit noch mehr Antioxidantien eine Handvoll Spinat untermixen.

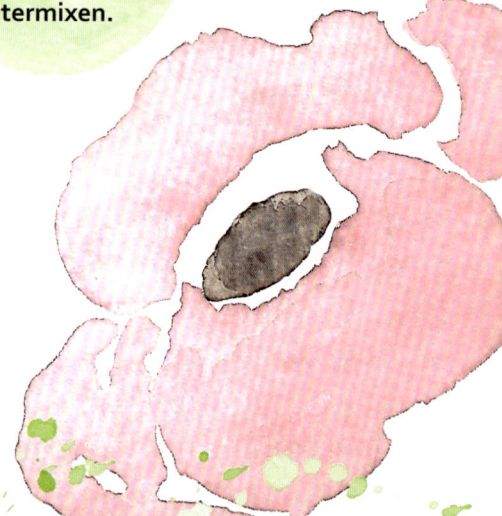

Coco-choco mit Chia-Samen

Kokosöl ist zum Kochen, für Smoothies und Desserts geeignet, aber auch zur Körperpflege – ich verwende es statt Hautcreme. Wählen Sie immer ein ökologisches, rohes, kaltgepresstes, ungebleichtes, unraffiniertes und unparfümiertes Kokosöl. Auf der Liste der Inhaltsstoffe muss „100 Prozent Kokos" aufgeführt sein.

Für 1 Portion

- 4 Blätter Grünkohl oder eine kleine Handvoll Spinat
- 150 ml Kokosmilch
- 1 EL rohes Kokosöl
- 1 EL roher Kakao
- 1 EL Kakaonibs
- 1 EL Chia-Samen
- 2 EL veganes Proteinpulver, Vanillegeschmack (kann entfallen)
- 3–4 Datteln, entkernt
- 1 Banane, tiefgekühlt
- Eis (kann entfallen)

Topping
- Schokogranola
- Kokosflocken, ungesüßt
- Rohe Kakaonibs oder rohe Schokolade (90–100 %)
- Kokossahne

1. Zutaten in der Reihenfolge der Zutatenliste in den Mixer geben. Zu einer sämigen, frostigen Smoothie Bowl mixen. Für eine eisähnliche Konsistenz einige Eiswürfel zugeben und nochmals mixen.

2. In eine Schale füllen und mit Schokogranola, Kokosflocken, Kakaonibs oder Schokosplittern garnieren, einen Löffel Kokossahne darübergeben.

3. Sofort servieren und genüsslich löffeln.

Granola & Müsli

Granola & Müsli

Hausgemachtes Granola ist etwas ganz Besonderes. Bei der Herstellung duftet es nach frisch gebackenem Kuchen. Und genau wie bei Kuchen kann der Geschmack unendlich variiert werden – die Grenzen setzt allein die Fantasie.

Man weiß genau, welche Zutaten es enthält, man vermeidet Unmengen an Zucker, der in fertigem Granola enthalten ist, und kann den Nährwert durch viele Nüsse, Samen und anderes erhöhen.

Granola kann im normalen Ofen gebacken oder im Dörrautomaten getrocknet werden. Mein Dörrgerät hat neun Etagen mit belüfteten Trockengittern mit insgesamt 1,4 m² Trockenfläche und einen Timer mit Zeitintervallen von 1–26 Stunden. Es ist relativ teuer, die Investition lohnt sich jedoch, wenn Sie Rohkostfan sind oder Raw-Granola und Natursüßigkeiten herstellen und Beeren, Obst, Gemüse, Kräuter, Pilze und andere schöne Dinge trocknen möchten. Im Sommer und Herbst verwende ich den Dörrautomaten oft, um Wintervorräte anzulegen.

Die Trockenzeit im Gerät hängt sehr von der Innentemperatur im Haus, der Luftfeuchtigkeit und der Flüssigkeitsmenge ab, die das Trockengut enthält. Am besten schmecken Sie ab und fühlen, ob das Granola fertig ist. Lesen Sie in jedem Fall die Bedienungsanleitung für Ihren Dörrautomaten.

Die meisten Rezepte für Granola in diesem Buch können im normalen Backofen und im Dörrautomaten zubereitet werden. Wenn Sie Granola im Ofen backen und die meisten Nährstoffe erhalten bleiben sollen, sollten Sie Nüsse und Samen zugeben, wenn das Granola fertig gebacken ist. Das gilt auch für Trockenfrüchte und -beeren, da sie leicht verbrennen.

Wenn Sie eine Rohkostdiät machen, muss das Granola nur auf 42–45 °C erhitzt werden. Dann bleiben alle Nährstoffe erhalten. Der Nachteil ist, dass das Granola nicht richtig knusprig wird und viel länger trocknen muss – manchmal bis zu 24 Stunden. Granola wird im normalen Ofen viel knuspriger und erhält auch Röstaroma.

Ich verwende oft etwas geschmolzenes Kokosöl und Dattelsirup, Agavensirup, Ahornsirup oder Honig, damit das Granola haftet sowie Süße und Knusprigkeit erhält. Manchmal mische ich auch Datteln unter, die einige Stunden in heißem Wasser eingeweicht und danach zu Mus gemixt werden. Auch gemuste, reife Bananen können verwendet werden. Für extra Knusprigkeit kann leicht geschlagenes Eiweiß vor dem Backen im Ofen untergemischt werden, falls Sie sich nicht streng vegan ernähren oder den Dörrautomaten verwenden. Eiweiß schenkt Knusprigkeit, die man sonst nur durch die Zugabe von Zucker erreicht. Wenn Sie Eiweiß verwenden, dann sollten es bis zu zwei Eiweiß für ca. 700 Gramm Granola sein.

Der Unterschied zwischen Granola und Müsli besteht darin, dass Granola Öl und Süßungsmittel enthält und gebacken wird, während Müsli vollständig unbehandelt ist, ohne Öl und Flüssigkeit. Ansonsten sind die Zutaten die gleichen.

Die Herstellung von Müsli und Granola ist ganz einfach; Granola braucht lediglich etwas länger. Und im Ofen muss man darauf achten, dass nichts verbrennt. Auf den nächsten Seiten teile ich einige meiner Lieblingsrezepte mit Ihnen. Natürlich können nach Belieben Zutatenmengen erhöht oder verringert oder auch ausgetauscht werden.

Ihr Müsli oder Granola wird das, was Sie hineingeben! Alle Zutaten sollten aus ökologischem Anbau stammen.

Nüsse, Samen und Saatkörner sollten außerdem unbehandelt, also nicht geröstet, ungesalzen und zusatzfrei sein. Kokosöl sollte roh und ökologisch sein, Trockenfrüchte am besten ungesüßt und ohne Öl. Rosinen müssen auf jeden Fall aus ökologischer Produktion stammen, sie gehören zu den meistgespritzten Früchten.

EINWEICHEN

Nüsse, Samen, Quinoa, Buchweizen, Hirse, Amaranth und andere Getreidearten werden nahrhafter und leichter verdaulich, wenn sie eingeweicht sind oder gekeimt haben. Wenn Sie keine Zeit oder Lust zum Einweichen oder Keimen haben, wenden Sie die Zutaten einfach so an. Nur unbehandelt müssen sie sein.

Nüsse, Samen oder Getreide mindestens 6 bis 8 Stunden oder über Nacht in Wasser einweichen. Das Wasser muss den Inhalt bedecken. Am nächsten Tag alles mehrmals mit frischem Wasser spülen und auf Küchenpapier oder in einem großen Sieb trocknen lassen.

Tipp: Die Trocknungszeit für Granola ist bei eingeweichten, gekeimten Nüssen, Samen oder Saatkörnern länger.

AUFBEWAHRUNG

Damit Müsli oder Granola knusprig und frisch bleibt, muss es dunkel und trocken gelagert werden. Verwahren sie es zum Beispiel in einem Schraubglas mit luftdichtem Verschluss oder in wiederverschließbaren Plastiktüten.

Ich besitze einen *FoodSaver*, einen Vakuumierer mit vielen pfiffigen Behältern, Plastiktüten-/folien und Flaschenverschlüssen als Zubehör. Er entfernt sämtliche Luft, sodass die Haltbarkeit von Müsli und Granola verlängert wird. Er eignet sich auch gut zur Aufbewahrung von getrockneten Beeren, Obst, Gemüse, Nüssen, Samen, Pilzen, hausgemachten Smoothies, Säften und Nussmilch.

Normalerweise hält selbstgemachtes Granola und Müsli ein bis zwei Monate. Wird es länger aufbewahrt, wird es klebriger. Dann kann man es im Ofen wieder aufbacken, allerdings bei niedriger Temperatur. Oder trocknen Sie es erneut im Dörrgerät.

Knuspriges Kokos-Quinoa-Granola mit Schokolade

MENGE ca. 800 g **VORBEREITUNGSZEIT:** 10 MINUTEN
BACKZEIT IM OFEN: 40–50 MINUTEN **IM DÖRRAUTOMAT:** 8–12 STUNDEN

Trockene Zutaten

- 150 g Haferflocken (bei Bedarf glutenfrei)
- 150 g Quinoa, unbehandelt
- 150 g Mandeln, unbehandelt
- 50 g Chia-Samen
- 1 TL Zimt, gemahlen
- 2–4 EL Kakao, roh (nach Geschmack)
- 2 EL Carob-Pulver (kann entfallen)
- 1 Prise Himalaya- oder Meersalz
- 150 g Kokos, gerieben oder gehobelt, unbehandelt
- 100 g Rosinen, ökologisch
- 50 g Kakaonibs oder Rohschokolade, 70–85 %, gehackt (kann entfallen)

Feuchte Zutaten

- 4 EL Agavensirup oder roher Honig
- 3 EL Kokosöl, geschmolzen
- 1 TL Vanilleextrakt
- 1 Eiweiß, leicht geschlagen (kann entfallen)

ZUBEREITUNG

1. Alle feuchten Zutaten bis auf das Ei in einer Pfanne mischen und bei geringer Temperatur erhitzen, bis alles flüssig ist. Zu einem glatten Teig mischen. Tipp: Der Teig soll nicht wärmer als 45 °C werden, also nur etwas mehr als handwarm. Mehr Agavensirup oder Honig zugeben, wenn das Granola süßer werden soll. Falls gewünscht, Eiweiß für ein knuspriges Granola zugeben. Eiweiß bei veganer Ernährung oder bei Verwendung des Dörrautomaten weglassen.

2. Haferflocken, Quinoa, Mandeln, Chia-Samen, Zimt, Kakao, Carob-Pulver und Salz in einer großen Schüssel mischen. Tipp: Beim Backen im Ofen Kokos erst zugeben, wenn das Granola fast fertig ist.

   Im Dörrautomaten sofort untermischen. Rosinen und Kakaonibs/Rohschokolade einrühren, wenn das Granola fertig und abgekühlt ist.

3. Den Inhalt beider Behälter mischen.

»

IM OFEN

1. Den Backofen auf 150 °C vorheizen.
2. Ein bis zwei Bleche mit Backpapier belegen.
3. Das Granola gleichmäßig verteilen.
4. Das Granola 40–50 Minuten backen, nach einer halben Stunde vorsichtig wenden (je weniger umgerührt wird, desto größer werden die Stücke).
5. Kokos darüberstreuen, wenn das Granola fast fertig ist (Kokos verbrennt schnell und sollte nur einige Minuten gebacken werden). Achten Sie darauf, dass das Granola nicht anbrennt. Es soll knusprig und trocken sein. Bei dunklem Granola ist schwer zu erkennen, wann es fertig ist, verlassen Sie sich auf Duft und Geschmack.
6. Den Ofen ausschalten, bei geöffneter Backofentür nachtrocknen lassen.

IM DÖRRAUTOMAT

1. Mehrere Gitter mit Backpapier auslegen.
2. Das Granola dünn verteilen.
3. 6–8 Stunden bei 42–45 °C trocknen.
4. Das Granola herausnehmen, das Backpapier entfernen und das Granola auf die belüfteten Roste legen.
5. Weitere 2–4 Stunden trocknen. Das Granola muss vollständig trocken sein. Die Trockenzeit hängt sehr von der Innentemperatur im Haus, der Luftfeuchtigkeit und vom Flüssigkeitsgehalt des Granola ab. Abschmecken und fühlen, ob das Granola fertig ist. Tipp: Anweisungen für den Dörrautomaten befolgen.
6. Wenn das Granola fertig ist, abkühlen lassen, Rosinen und gehackte Schokolade einrühren. Das Granola ist abgekühlt knuspriger.
7. Das Granola dunkel und trocken in einem luftdichten Behälter aufbewahren. Es ist mehrere Monate haltbar, wird jedoch mit zunehmender Lagerzeit klebriger.

Buchweizen-Granola mit Schokolade, Feigen & Datteln

MENGE CA. 850 g **VORBEREITUNGSZEIT:** 10 MINUTEN
BACKZEIT IM OFEN: 40–50 MINUTEN **IM DÖRRAUTOMAT:** 8–12 STUNDEN

Trockene Zutaten

- 150 g Haferflocken (bei Bedarf glutenfrei)
- 150 g Buchweizen, unbehandelt
- 100 g Haselnüsse, unbehandelt, gehackt
- 50 g Chashewkerne, unbehandelt, gehackt
- 50 g Mandeln, unbehandelt, gehackt
- 50 g Chia-Samen
- 2–4 EL Kakao, roh (nach Geschmack)
- 1 Prise Himalaya- oder Meersalz
- 100 g Datteln, getrocknet, kernlos und gehackt
- 50 g Feigen, getrocknet, gehackt
- 100 g Kakaonibs oder Rohschokolade, 70–85 %, gehackt (kann entfallen)

Feuchte Zutaten

- 4 EL Dattelsirup oder roher Honig
- 3 EL Kokosöl, geschmolzen
- 1 TL Vanilleextrakt (kann entfallen)
- 1 Eiweiß, leicht geschlagen (kann entfallen)

ZUBEREITUNG

1. Alle feuchten Zutaten bis auf das Eiweiß in einer Pfanne mischen und bei geringer Temperatur erhitzen, bis alles flüssig ist. Zu einem glatten Teig mischen. Tipp: Der Teig soll nicht wärmer als 45 °C werden, also nur etwas mehr als handwarm. Mehr Dattelsirup oder Honig zugeben, wenn das Granola süßer werden soll. Falls gewünscht, das Eiweiß für ein knuspriges Granola zugeben. Das Eiweiß bei veganer Ernährung oder bei Verwendung des Dörrautomaten weglassen.

2. Haferflocken, Buchweizen, Haselnüsse, Cashewkerne, Mandeln, Chia-Samen, Kakao und Salz in einer großen Schale mischen. Tipp: Datteln, Feigen und Kakaonibs/Rohschokolade erst einrühren, wenn das Granola fertig und abgekühlt ist.

3. Inhalt beider Behälter mischen.

IM OFEN

1. Den Backofen auf 150 °C vorheizen.
2. Ein bis zwei Bleche mit Backpapier belegen.
3. Das Granola gleichmäßig verteilen.
4. Das Granola 40–50 Minuten backen, nach einer halben Stunde vorsichtig wenden (je weniger umgerührt wird, desto größer werden die Stücke). Achten Sie darauf, dass das Granola nicht anbrennt. Es soll knusprig und trocken sein. Bei dunklem Granola ist schwer zu erkennen, wann es fertig ist, verlassen Sie sich auf Duft und Geschmack.
5. Den Ofen ausschalten, bei geöffneter Backofentür nachtrocknen lassen.

IM DÖRRAUTOMAT

1. Mehrere Gitter mit Backpapier auslegen.
2. Das Granola dünn verteilen.
3. 6–8 Stunden bei 42–45 °C trocknen.
4. Das Granola herausnehmen, das Backpapier entfernen und das Granola auf die belüfteten Roste legen.
5. Weitere 2–4 Stunden trocknen. Das Granola muss vollständig trocken sein. Die Trockenzeit hängt sehr von der Innentemperatur im Haus, der Luftfeuchtigkeit und vom Flüssigkeitsgehalt des Granola ab. Abschmecken und fühlen, ob das Granola fertig ist. Tipp: Anweisungen für den Dörrautomaten befolgen.
6. Wenn das Granola fertig ist, abkühlen lassen, danach Datteln, Feigen und Kakaonibs oder Rohschokolade einrühren. Das Granola ist abgekühlt knuspriger.
7. Das Granola dunkel und trocken in einem luftdichten Behälter aufbewahren. Es ist mehrere Monate haltbar, wird jedoch mit zunehmender Lagerzeit klebriger.

Powermüsli

Dieses wunderbare, ballaststoffreiche, nussige Müsli habe ich immer im Haus. Es ist einige Monate haltbar. Das Rezept ergibt etwa 1,5 kg Müsli, die Menge kann jedoch halbiert werden. Zutaten, die Sie nicht im Haus haben, weglassen oder durch andere ersetzen. Perfekt, um es in kleinen, luftdichten, wiederverschließbaren Portionsbeuteln mit zur Arbeit zu nehmen.

MENGE CA. 1,5 KG   ZUBEREITUNGSZEIT: 10 MINUTEN

400 g Haferflocken (bei Bedarf glutenfrei)
100 g Quinoaflocken
50 g Haselnüsse, unbehandelt
50 g Mandeln, unbehandelt
50 g Walnüsse, unbehandelt
50 g Pekannüsse, unbehandelt
50 g Kürbiskerne, unbehandelt
50 g Hanfsamen
50 g Sonnenblumenkerne
50 g Maulbeeren, getrocknet
50 g Kokosflocken, unbehandelt
50 g Goji-Beeren
50 g getrocknete Aprikosen, gehackt
100 g getrocknete Kirschen, unbehandelt
100 g Blaubeeren, getrocknet
100 g Sauerkirschen, getrocknet
100 g Rosinen, unbehandelt
50 g Chia-Samen
50 g Leinsamen
1 EL Zimt, gemahlen (kann entfallen)
1 TL Vanillepulver
1 Prise Muskatnuss, frisch gerieben
1 Prise Himalayasalz oder Meersalz

1. Alle Zutaten in einer großen Schüssel mischen.
2. Über Smoothie Bowls, Joghurt, Dickmilch, Mandel- oder Nussmilch streuen.
3. Dunkel und trocken in einem luftdichten Behälter oder einem wiederverschließbaren Plastikbeutel bei Zimmertemperatur aufbewahren.

Smoothies für Kids

Kinder lieben Smoothies, vor allem, wenn sie sie selbst zubereiten dürfen! Lassen Sie sie ihre eigenen Zutaten, Früchte und Gemüse wählen und wild experimentieren! Sprechen Sie über Superfoods und wie sie dem Körper zugute kommen. Im Internet finden Sie unglaublich tolle Videos zur Inspiration. Bitten Sie sie, einen Smoothie für Freunde zu mixen oder bitten Sie die Kinder, Frühstück für die ganze Familie zu machen. Sie werden es lieben! Stellen Sie sicher, dass Kinder alles über Hygiene und Sicherheit wissen, und zeigen Sie ihnen, wie man Geräte sicher benutzt. Bei den Kleineren sollten die Eltern natürlich die ganze Zeit dabei sein. Selbst die skeptischsten Kids lieben Smoothie-Eislollys, die nahrhaft und voller Vitamine und Mineralstoffe sind. Achten Sie darauf, dass Ihre Kinder glücklich und voller Energie sind, indem sie sich gesund, natürlich und organisch ernähren.

Bevor es losgeht | Tipps für Kids

Lies diese Tipps, bevor du anfängst! Dann ist es einfacher, den Rezepten zu folgen. Und vergiss dabei den Spaß nicht!

Sicherheit

Die Küche kann ein gefährlicher Ort sein, wenn man Küchengeräte nicht richtig anwendet. Folgendes solltest du beachten:

1. Lass dir von einem Erwachsenen zeigen, wie man Elektrogeräte, Messer und andere Küchengeräte anwendet. Am Anfang sollte immer ein Erwachsener bei dir sein.
2. Sag Bescheid, wenn du in der Küche arbeiten möchtest. Es ist gut, wenn ein Erwachsener in der Nähe ist, falls du Hilfe brauchst.
3. Wenn du mit Elektrogeräten arbeitest, müssen deine Hände trocken sein. Zieh immer den Stecker aus der Steckdose, wenn du fertig bist.
4. Achte beim Schneiden auf deine Finger und laufe nicht mit einem Messer durch die Küche.
5. Stecke niemals die Hände in den Mixer oder die Smoothie-Maschine! Die Messer sind sehr scharf und bewegen sich schnell. Sie können dich schwer verletzen. Du darfst auch keine Gegenstände in den Mixer legen oder damit herumstochern. Das kann das Gerät beschädigen.
6. Geh vorsichtig mit heißem Wasser um.

Hygiene & Sauberkeit

Neben der Sicherheit ist die Hygiene sehr wichtig. Hier ein paar einfache Regeln:

1. Wasche dir immer die Hände, binde die Haare zusammen (wenn du lange Haare hast) und ziehe dir eine Schürze an, bevor du loslegst.
2. Wasche sämtliches Obst und Beeren, auch das mit Schale. Alles, was du anfasst, kann im Smoothie und später in deinem Bauch landen.
3. Nimm keine Früchte mit dunklen Stellen, Verfärbungen oder sichtbaren Schäden.
4. Kontrolliere bei allen Zutaten das Mindesthaltbarkeitsdatum. Verwende keine abgelaufenen Zutaten.
5. Halte die Küche sauber und wenn du fertig bist: Aufräumen nicht vergessen!

So machst du einen Smoothie

1. Lies das Rezept durch, bevor du anfängst.
2. Stelle alle Zutaten und Geräte bereit.
3. Schneide die Früchte auf die richtige Größe für den Mixer.
4. Gib die Früchte in den Mixer.
5. Gib Flüssigkeit in den Mixer.
6. Deckel drauf und prüfen, dass er fest sitzt.
7. 30 Sekunden bis 1 Minute mixen.
8. In ein Glas geben, garnieren und servieren.

Kiwi & Banane

Für 2 Gläser

4 Kiwis

2 Bananen

100 ml Apfelsaft, frisch gepresst

100 ml griechischer oder türkischer Joghurt

4 Eiswürfel

1. Alle Früchte sorgfältig waschen.
2. Kiwi und Bananen schälen, kleinschneiden und in den Mixer geben. Ein paar Kiwischeiben mit Schale zum Garnieren übrig lassen.
3. Alles zu einem glatten Smoothie mixen, aber nicht zu lange, denn die kleinen, schwarzen Kiwisamen bekommen einen sehr bitteren, strengen Geschmack, wenn sie zerstört werden.
4. In ein Glas geben und mit Kiwischeiben servieren.

Wusstest du, dass ...

... laut Guinness-Buch der Rekorde schon einmal jemand eine Kiwi innerhalb von 5,35 Sekunden geschält und gegessen hat?

... eine Kiwi fünfmal mehr Vitamin C und Ballaststoffe als eine Orange enthält?

... die Schale essbar ist? Vorher aber gut waschen!

... die Kiwifrucht ihren Namen nach dem neuseeländischen Kiwi-Vogel mit ähnlichem Aussehen erhalten hat?

Schokolade, Kokos & Datteln

<u>Für 2 Gläser</u>

2 Bananen, frisch oder tiefgekühlt

5 Datteln, entsteint

200 ml Kokosmilch (ohne Zusätze)

2 Esslöffel Kokosöl, kalt gepresst

2 EL Kakaopulver

1 TL Zimt, gemahlen

200 ml Wasser

einige Eiswürfel (wenn du frische Bananen nimmst)

Kokosflocken zum Garnieren

1. Bananen schälen und in Scheiben schneiden.
2. Alle Zutaten bis auf das Eis in den Mixer geben und zu einem glatten Smoothie mixen.
3. Eis dazugeben, wenn du frische Bananen verwendest und den Smoothie eiskalt magst.
4. In einem schönen Glas servieren, Kokosflocken darüberstreuen.

Wusstest du, dass ...

... Datteln die Früchte der Dattelpalme sind? Sie kann bis zu 35 m hoch werden und wächst in den Oasen des Mittleren Ostens und Nordafrikas, aber auch im Süden Europas.

... Datteln seit 8000 Jahren angebaut werden? Es gibt über 1500 Sorten.

... Datteln längliche Beeren sind? Sie erscheinen in vielen Größen und Farben. Die kleinsten sind 2,5 cm, die längsten 7 cm groß.

... reife Datteln dunkelbraun, rötlich und goldbraun sind? Je reifer, desto süßer sind sie. Am süßesten aber schmecken sie getrocknet.

... frische Datteln kalt, aber nicht zu trocken aufbewahrt werden sollten? Tiefgefrorene Datteln sollten bis zum Verzehr im Kühlschrank bleiben. Sie tauen schnell auf und können nochmals eingefroren werden. Im Kühlschrank halten sie sich bis zu einer Woche.

Sanddorn, Mango & Erdbeeren

Für 2 Gläser

1 frische Mango (oder 300 g tiefgekühlt)

75 g Sanddorn, frisch oder tiefgekühlt (oder 2 TL Sanddornpulver)

8–10 Erdbeeren, frisch oder tiefgekühlt

200 ml Apfelsaft, frisch gepresst

200 ml Wasser

einige Eiswürfel (wenn du frisches Obst verwendest)

1. Alle Früchte sorgfältig waschen.
2. Mango mit dem Sparschäler schälen und in kleine Stücke teilen – an den harten Kern im Inneren denken, also vorsichtig sein. Wenn es nicht klappt, einen Erwachsenen um Hilfe bitten.
3. Mangostücke und Sanddorn in den Mixer geben.
4. Erdbeeren putzen (wenn sie frisch sind) und in den Mixer geben. Einige zum Garnieren übrig lassen.
5. Apfelsaft und Wasser in den Mixer geben und zu einem glatten Smoothie mixen. Soll der Smoothie eisiger sein, einige Eiswürfel dazugeben.
6. Mit Strohhalm in einem großen Glas servieren, mit einigen Erdbeeren oder Sanddorn garnieren.

Wusstest du, dass ...

... eine einzige Sanddornbeere so viel Vitamin C wie eine ganze Orange enthält?

... Sanddorn das im Pflanzenreich seltene Vitamin B12 enthält (besonders für Veganer wichtig!)?

... Sanddorn zweihäusig, also in männliche und weibliche Pflanzen unterteilt ist? Die weibliche Pflanze trägt Beeren, aber erst nach der Befruchtung durch ein männliches Exemplar. In seltenen Fällen tragen auch männliche Pflanzen Beeren.

Brombeeren, Vanillejoghurt & Zimt

Für 2 Gläser

200 g Brombeeren, frisch oder tiefgekühlt

5 Datteln, entsteint

200 ml Apfelsaft, frisch gepresst

200 ml Vanillejoghurt

1 TL Zimt, gemahlen

2 EL Hanfsamen, geschält (nach Belieben)

einige Eiswürfel (wenn du frische Brombeeren verwendest)

1. Alle Früchte sorgfältig waschen.
2. Alle Zutaten in den Mixer geben und zu einem glatten Smoothie mixen.
3. Soll der Smoothie eisiger sein, einige Eiswürfel dazugeben.
4. Mit einigen Brombeeren garnieren.

Wusstest du, dass ...

... eine Handvoll Brombeeren fast den gesamten Tagesbedarf an Ballaststoffen enthält? Sie halten die Darmtätigkeit in Gang und sorgen für die Verdauung.

... Brombeeren mit Himbeeren verwandt sind und wie diese aus vielen, winzigen Steinfrüchten bestehen?

Ananas & Möhre

Für 2 Gläser

¼ Ananas, mittelgroß oder
200 g tiefgekühlte Ananasstücke

4 Erdbeeren, frisch oder tiefgekühlt

½ Limette

200 ml Möhrensaft, frisch gepresst

1. Alle Früchte sorgfältig waschen.
2. Bitte einen Erwachsenen um Hilfe, wenn du eine frische Ananas verwendest. Teile die Ananas in der Mitte, danach eine der Hälften in zwei Teile. Blätter, Schale und den harten Mittelteil entfernen. In Stücke schneiden und in den Mixer geben. Restliche Ananasstücke im Gefrierbeutel einfrieren.
3. Erdbeeren putzen (wenn sie frisch sind) und in den Mixer geben.
4. Limette halbieren. Eine Hälfte mit der Zitruspresse auspressen, Saft mit in den Mixer gießen. Die Kerne am besten aussieben, sonst kann der Smoothie bitter werden.
5. Frisch gepressten Möhrensaft dazugeben.
6. Alles zu einem glatten Smoothie mixen. Wenn du möchtest, kannst du den Smoothie durch ein Sieb geben, dann wird er glatter.
7. Servieren!

Experiment

Möhren sind Wurzeln, die Wasser aus der Erde saugen. Wie aber gelangt das Wasser bis ins Kraut?

Du brauchst:

1 Möhre mit Grün
1 Wasserglas
rote Lebensmittelfarbe
Wasser

So geht's: Glas zur Hälfte mit Wasser füllen. 10 Tropfen Lebensmittelfarbe hineinträufeln. Die Spitze der Möhre abschneiden und die Möhre ins Wasser stellen. Glas mit der Möhre für mindestens 2 Stunden an ein sonniges Fenster oder unter eine starke Lampe platzieren. Bitte einen Erwachsenen, die Möhre der Länge nach zu teilen, dann kannst du das Innere sehen.
Was passiert? Das rote Wasser wird von der Möhre bis zum Grün aufgesaugt!

Tropischer Mix

Für 2 Gläser

100 g Papaya, tiefgekühlt

100 g Ananas, tiefgekühlt

100 g Mango, tiefgekühlt

2 TL Goji-Beeren, getrocknet

300 ml Kokoswasser

2 EL Kokosmilch

1. Obst aus dem Gefrierschrank nehmen und leicht antauen lassen.
2. Goji-Beeren 5–10 Minuten im Kokoswasser einweichen.
3. Alle Zutaten in den Mixer geben und zu einem eisigen Smoothie mixen.
4. Mit einigen Goji-Beeren garnieren.

Wusstest du, dass …
… Goji-Beeren 500-mal mehr Vitamin C enthalten als Orangen, dreimal mehr Eisen als Spinat und viermal mehr Antioxidantien als Kirschen? Goji-Beeren können frisch oder getrocknet gegessen und als Saft getrunken werden.

TIPP
Die tiefgekühlten Früchte können auch gegen einen anderen, tropischen Frucht-Mix ausgetauscht werden.

Brombeeren & Quark

Für 2 Gläser

200 g Brombeeren, frisch oder tiefgekühlt

1 Banane

200 ml Joghurt (naturbelassen)

200 ml Vanillequark

4 Eiswürfel (bei frischen Brombeeren)

1. Frische Brombeeren waschen und abtropfen lassen.
2. Banane schälen, kleinschneiden und in den Mixer geben.
3. Brombeeren dazugeben. Einige zum Garnieren übrig lassen.
4. Joghurt und Vanillequark zugeben.
5. Alles zu einem glatten, dickflüssigen Smoothie mixen.
6. Mit ein paar Brombeeren garniert servieren.

Wusstest du, dass ...

... Brombeeren aus vielen kleinen Beeren bestehen, die den Samen enthalten? Genau wie Himbeeren! Die kleinen Samen führen dem Körper Ballaststoffe zu.

... Brombeeren richtig schlecht schmecken, wenn man sie zu früh isst? Vor dem Pflücken also gut reifen lassen. Die meisten Brombeeren werden erst im September oder Oktober geerntet.

Blaubeeren, Himbeeren & Kräutertee

Für 2 Gläser

200 ml Kräutertee
2 TL Goji-Beeren, getrocknet
Datteln, entsteint
150 g Blaubeeren, tiefgekühlt
150 g Himbeeren, tiefgekühlt

1. Kräutertee kochen. Nimm zwei Beutel Kräutertee auf 300 ml Wasser. 10–15 Minuten ziehen lassen, Teebeutel herausnehmen und zwischen zwei Teelöffeln ausdrücken. Tee abkühlen lassen. Dann in den Kühlschrank stellen, bis er eiskalt ist. Wenn das zu schwierig ist, einen Erwachsenen um Hilfe bitten.
2. Tee, Goji-Beeren und Datteln in den Mixer füllen und 5–10 Minuten stehen lassen, bis die Beeren weich sind.
3. Gefrorene Beeren dazugeben, einige zum Garnieren übrig lassen.
4. Zu einem eiskalten, gesunden Smoothie mixen.
5. Mit frischen oder tiefgekühlten Beeren garnieren und mit einem dicken Strohhalm servieren.

Wusstest du, dass …
… Blaubeeren reich an Antioxidantien sind und manchmal als „Superbeeren" bezeichnet werden? Wilde Blaubeeren sind besonders gesund.

Piña Chocolada

Für 2 Gläser

½ Ananas (ca. 300 g), frisch oder tiefgekühlt
200 ml Wasser
200 ml Kokosmilch (ohne Zusätze)
5 Datteln, entsteint
2 EL Kokosöl, kalt gepresst
3 EL Kakaopulver
einige Eiswürfel (wenn die Ananas frisch ist)
Kokosflocken zum Garnieren

1. Frische Ananas sorgfältig schälen.
2. Wenn das zu schwierig ist, einen Erwachsenen bitten, die Blätter und die harte Schale zu entfernen. Oder tiefgefrorene Ananas verwenden, das geht einfacher.
3. Ananas in kleine Stücke schneiden.
4. Alle Zutaten in den Mixer geben und zu einem glatten Smoothie mixen.
5. Eis dazugeben, wenn du frische Ananas verwendest und den Smoothie eiskalt magst.
6. In einem schönen Glas servieren, Kokosflocken darüberstreuen.

Wusstest du, dass …

… eine Kokospalme bis zu 13-mal im Jahr blüht und die Nüsse deshalb ganzjährig geerntet werden? Jede Palme trägt durchschnittlich 60 Nüsse im Jahr, das sind 10.000 während ihres Lebens. Palmen liefern Kokosöl, Kokoswasser, Kokosmilch, Kokospalmzucker, Kokosmehl, Kokosnektar, Kokosessig, Kokoschips, Kokosflocken und noch viel mehr.

… Kokosöl zu den gesündesten Ölen der Welt gehört? Bei Zimmertemperatur ist es fest und wird bei 24 °C flüssiger.

… Kokosöl zum Kochen, für Smoothies und Desserts und auch zur Köperpflege gut ist, z. B. in Hautcreme oder Lippenbalsam?

… man immer ökologisches, rohes, kaltgepresstes Kokosöl nehmen sollte? Auf der Verpackung steht „100 % Kokos".

Wassermelone & Himbeeren

Für 2 Gläser

¼ Wassermelone, mittelgroß (ca. 400 g)

200 g Himbeeren, tiefgekühlt

½ Limette

1 TL Vanillezucker

Eiswürfel (nach Belieben)

ein paar Stücke Wassermelone zum Naschen

1. Wassermelone sorgfältig waschen. Wenn sie dir zu schwer ist, bitte einen Erwachsenen um Hilfe.
2. Wassermelone mit dem Messer vorsichtig in vier Teile schneiden. Aus einem Teil die Kerne entfernen, das Fruchtfleisch herauskratzen und die Stücke in den Mixer geben.
3. Tiefgefrorene Himbeeren dazugeben.
4. Limette waschen, teilen und den Saft direkt in den Mixer pressen. Pass auf, dass keine Kerne hineinkommen, sie machen deinen Smoothie bitter!
5. Alles zu einem eisigen Smoothie mixen. Soll der Smoothie noch eisiger sein, einige Eiswürfel dazugeben.
6. Mit Wassermelonenscheiben zum Naschen servieren.

Wusstest du, dass …

… die größte Wassermelone der Welt laut Guinness-Buch der Rekorde 121,93 kg wog? Sie wurde im Jahr 2005 in Arkansas, USA, geerntet.

… man die Reife einer Wassermelone durch Klopfen prüfen kann? Klingt es hohl, ist sie reif.

… Wassermelonen über 90 Prozent Wasser enthalten?

TIPP!

Limette fest zwischen den Händen oder auf einer glatten Fläche rollen. So wird das Fruchtfleisch weicher und der Saft lässt sich leichter herauspressen. Statt mit der Hand zu pressen, kann auch die Zitruspresse verwendet werden.

Mango, Himbeeren & Passionsfrucht

Für 2 Gläser

2 frische Mango (oder 600 g tiefgekühlt)

5 Passionsfrüchte
(oder 2–3 TL Passionsfruchtpulver)

½ Limette

150 g Himbeeren, tiefgekühlt

200 ml eiskaltes Wasser

einige Eiswürfel (wenn du frische Mango verwendest)

1. Alle Früchte sorgfältig waschen.
2. Mangos mit dem Sparschäler schälen und in kleine Stücke teilen – an den harten Kern im Inneren denken, also vorsichtig sein. Wenn es nicht klappt, einen Erwachsenen um Hilfe bitten.
3. Mangostücke in den Mixer geben.
4. Passionsfrüchte teilen, das Fruchtfleisch herauskratzen und die Kerne aussieben (wenn du möchtest). Eine Passionsfrucht zum Garnieren übrig lassen.
5. Limette aufschneiden, Saft einer Hälfte mit der Zitruspresse auspressen. Alle Kerne aussieben, sonst kann der Smoothie bitter werden.
6. Himbeeren, Limettensaft und Wasser in den Mixer geben und zu einem glatten Smoothie mixen. Soll der Smoothie eisiger sein, einige Eiswürfel dazugeben.
7. Wenn du den Smoothie vor dem Servieren durch ein Sieb gibst, wird er glatter.
8. In einem großen Glas servieren, Passionsfrucht als Garnierung direkt über dem Smoothie auskratzen.

Wusstest du, dass …

… Mangos ursprünglich nur in den Bergen im Himalaya und in Myanmar wuchsen? Vor Tausenden von Jahren begann man mit dem Anbau in Indien.

… der Mangobaum 35–40 m hoch werden kann und eine riesige Krone hat?

… die Blüten wie Lilien duften? Nach der Blüte dauert es 3–6 Monate, bevor die Frucht reif ist. Die Schale ist gelb, orange und rot gefärbt.

TIPP

Die Kerne der Passionsfrucht entfernst du am besten, wenn du ein bisschen Wasser in die Frucht gießt und dann rührst, bis sich das Fruchtfleisch löst. Durch ein Sieb geben und nur die Flüssigkeit verwenden.

Erdbeeren & Ananas

Für 2 Gläser

¼ Ananas, mittelgroß
(oder 150 g tiefgekühlt, in Stücken)

150 g Erdbeeren, frisch oder tiefgekühlt

1 Banane

200 ml eiskaltes Wasser

1. Alle Früchte sorgfältig waschen.

2. Bitte einen Erwachsenen um Hilfe, wenn du eine frische Ananas verwendest. Ananas in der Mitte teilen, eine Hälfte in zwei Stücke schneiden. Blätter, Schale und den harten Mittelteil entfernen. In Stücke schneiden und in den Mixer geben. Restliche Ananas einfrieren.

3. Frische Erdbeeren putzen. Zwei Erdbeeren zum Garnieren übrig lassen. Die anderen in den Mixer geben.

4. Banane schälen, kleinschneiden und in den Mixer geben.

5. Alles zu einem glatten Smoothie mixen. Wenn du möchtest, kannst du den Smoothie vor dem Servieren durch ein Sieb geben, dann wird er glatter.

6. In ein Glas geben und mit Erdbeeren garniert servieren.

Wusstest du, dass ...

... frische Erdbeeren am besten ungeputzt und kalt verwahrt werden? Sind sie geputzt, sollten sie sofort gegessen oder eingefroren werden.

... man die grünen Blättchen vor dem Waschen nicht entfernen sollte? Dann behalten die Beeren ihr Aroma.

TIPP

Dieser Smoothie eignet sich perfekt als Eis am Stiel! Dafür den Smoothie einfach in eine Eisform geben und einfrieren.

Spinat & Ananas

Für 2 Gläser

50–100 g frischer Spinat (nach Belieben)
1 Limette
1 Banane
100 g Ananas, tiefgekühlt
300 ml Orangensaft, frisch gepresst

1. Spinat gut waschen, abtropfen lassen. Ein paar Blättchen zum Garnieren übrig lassen.
2. Alle Früchte sorgfältig waschen.
3. Limette aufschneiden, Saft mit der Zitruspresse auspressen. Alle Kerne aussieben, sonst kann der Smoothie bitter werden.
4. Limettensaft und restliche Zutaten in den Mixer geben und zu einem glatten Smoothie mixen.
5. Soll der Smoothie eisiger sein, einige Eiswürfel dazugeben.
6. In einem großen Glas mit Strohhalm servieren, mit Spinatblättchen garnieren.

Wusstest du, dass …

… Spinat ein Superlebensmittel ist? Die Blätter sind extrem nährstoffreich und enthalten viele Antioxidantien.

… Spinat dem Comic-Helden Popeye unglaubliche Kräfte verleiht?

Rezeptregister

Einfach, fruchtig & frisch

Winter-Sonnenschein 59
Erdbeeren & Kamille 60
Möhre, Orange & Cayennepfeffer 60
Sanddorn & Mango 61
Hagebutte & Papaya 61
Erdbeerfieber 62
Blaubeeren, Kokosnuss & Açai-Beeren . 64
Preiselbeeren, Mango & Açai-Beeren ... 64
Aprikose, Himbeeren & Kamille 65
Blaubeeren, Brombeeren & Rote Bete .. 65
Würziger Zitrus-Kick 67
Ananas & Erdbeeren 68
Kiwi & Mango 68
Mango, Orangen & Hagebutten 69
Minzige Wassermelone 69
Pfirsich-Himbeer-Traum 70
Blaubeeren, Himbeeren & Goji-Beeren . 72
Preiselbeeren & Orange 72
Erdbeeren, Kombucha & Maulbeeren ... 73
Nektarine, Himbeeren & Maulbeeren ... 73
Mango-Möhren-Goji-Hagebutten-
   Smoothie 75
Rote Johannisbeeren & Mango 76
Erdbeeren & Chili 76
Orange & Banane 77
Granatapfel & Grapefruit 77
Liebestrank 78
Himbeere & Birne 80
Tropische Früchte 80
Möhre, Ananas & Goji-Beeren 81
Ananas, Goji-Beeren & Rote
   Johannisbeeren 81
Heißer Smoothie mit Erdbeeren,
   Birne & Hibiskus 83

Heiße Smoothies für kalte Tage

Himbeere, Melone & Passionsfrucht
   mit Rooibos-Tee 89
Erdbeeren, Banane & Passionsfrucht
   mit Brennnesseltee 90
Ananas, Mango & Kurkuma 93
Kiwi, Mango & Orange
   mit grünem Tee 94
Moosbeeren-Apfel-Smoothie 97
Apfel-Jasmin-Granatapfel-Smoothie ... 198
Hibiskus, Granatapfel & Grapefruit 101
Heißer Vanille-Blaubeer-Smoothie 102
Wärmender Himbeer-Kamillen-
   Smoothie 105
Skandinavischer Beeren-Smoothie
   mit Kamillentee 106
Mango, Orange & Ananas
   mit Löwenzahntee 109
Heiße Orange, Ingwer & Möhre 110
Orangen-Preiselbeer-Smoothie
   mit Ingwer 113
Heiße Coco-Schoko 114
Heißer Zimt-Apfel-Smoothie 117
Warmer Schoko-Cashew-Smoothie
   mit geröstetem Kokos 118
Heiße mexikanische Schokolade 121
Warmer Hafermokka 122

Grüne Smoothies

Grüner Winterobst-Smoothie 127
Mystischer Garten 128
Grüner Paradies-Ananas-Smoothie 131
Schwindler-Smoothie 132
Grüner Power-Smoothie 135
Sprossen-Smoothie 136
Erste Hilfe in Grün 139

Mango-Liebe 140
Supergrüner Winter-Smoothie 143
Grüner Energiekick 144
Spinat & Apfel 146
Gurke & Erbsen 146
Grüne Proteinbombe 147
Melone, Ananas & Spinat 147

Smoothies mit Milchprodukten

Maqui-Heidelbeeren-Kefir 151
Rosaroter Donner 152
Göttlicher Erdbeer-Smoothie 155
Kumquat-Mango-Smoothie 156
Skandinavische Love Story 159
Heidelbeeren-Lavendel-Genuss 160
Minziger Mango-Lassi 163
Zaubertrank 164
Im Heidelbeer-Himmel 167
Rote-Bete-Bucha 168
Pink-Power-Smoothie 171
Brombeeren-Bombe 172

Smoothies fürs Workout und als Mahlzeitenersatz

Superpower-Avocado-Schokolade 177
Scharfer Rote-Bete-Smoothie 178
Blaubeeren-Vanille-Superfood-
   Smoothie 181
Brombeeren, Leinsamen & Mandeln ... 182
Birnen-Hafer-Smoothie
   mit Ahornsirup 185
Superbeeriger Bete-Smoothie 186
Pekannüsse, Datteln & Kokoswasser ... 189
Kürbis-Cashew-Smoothie mit Zimt 190
Mandel-Quinoa-Frühstücks-Smoothie .. 193
Mandarinen-Vanille-Mandel-Smoothie . 194
Mango-Chai-Smoothie 197

Erdbeeren-Mandeln-Kakao-Smoothie..198	Teuflischer Ingwer-Kurkuma-Kombucha .263	Açai, Grünkohl & Beeren......................329
Pflaumen-Feigen-Quinoa-Smoothie ...201	Papaya-Genuss 264	Brombeeren & Kokos 330
Blaubeeren, Hafer & Vanille.................202	Flüssiges Gold 267	Walderdbeeren-Kokos-Bowl 333
Goji-Orangen-Smoothie......................205	Tibetisches Vergnügen 268	Buchweizen-Blaubeeren-Bowl 334
Piña Chocolada 206	Kalifornischer Sonnenschein 271	Avocado-Kakao-Açai-Bowl...................337
Superfood & Mandel-Maca-Smoothie . 209	Heiße Wassermelone 272	Maqui, Blaubeeren & Hafer 338
Kokos & Ananas 210	Minziger Heidelbeer-Mojito 275	Erdnuss-Schoko 341
Möhren-Kokos-Power-Mahlzeit............213	Buddha's Delight 276	Cashew, Hanf & Ananas......................342
Zimt-Hafer-Smoothie mit Rosinen 214	Scharfer Reinigungstrunk.................... 279	Minze & Schokolade 345
Himbeeren, Kokos & Hanfsamen........ 217	Melonberry 280	Supergrüne Smoothie Bowl.................346
Brombeeren-Vanille-Kokosnuss-Smoothie 218	Himbeer-Romanze 283	Mandel-Chia-Bowl mit Zimt 349
Mandelschokolade mit Banane & Vanille 221	Hibiskus-Himmel.................................. 284	Antioxidantien- Smoothie-Bowl 350
Schokolade-Kirsch-Chia-Smoothie......222	Peppiger Start in den Morgen............... 287	Coco-choco mit Chia-Samen 353
Maca-Mokka & Datteln 225	Grapefruit-Bucha 288	*Granola & Müsli*
Kürbis-Protein-Smoothie 226	Zaubertrank 291	Knuspriges Kokos-Quinoa-Granola mit Schokolade 361
Schokolade, Datteln & Kurkuma 229	Johannisbeeren-Bucha 292	Buchweizen-Granola mit Schokolade, Feigen & Datteln 363
Pfefferkuchen-Smoothie 230	Würziger Mango-Kombucha-Smoothie . 295	Powermüsli 367
Erdnuss-Schokolade............................ 233	*Schönheitselixire & Detox-Smoothies*	
Piña Colada Bucha 234	Probiotisches „Unkraut" 299	*Smoothies für Kids*
Himbeertraum 237	Brennnessel-Elixir 300	Kiwi & Banane 373
Banane, Kokos & Maqui......................238	Grüne Kraftmaschine 303	Schokolade, Kokos & Datteln 374
Haselnuss-Carob-Schokolade..............241	Verjüngungstrunk 304	Sanddorn, Mango & Erdbeeren 377
Blaubeeren-Buchweizen-Smoothie 242	Löwenzahntraum 307	Brombeeren, Vanillejoghurt & Zimt.....378
Avocado, Mandeln & Orange 245	Rote-Bete-Detox 308	Ananas & Möhre..................................381
Walnuss-Smoothie mit Moosbeeren .. 246	Fröhlicher Weizengrashüpfer............... 311	Tropischer Mix....................................382
Verdauungsfördernde und probiotische Smoothies	Quelle ewiger Jugend 312	Brombeeren & Quark 385
Kombucha natur..................................251	Treibstoff fürs Gehirn 315	Blaubeeren, Himbeeren & Kräutertee...386
Wasserkefir 252	Lebenselixir.. 316	Piña Chocolada 389
Ingwer-Mangorita 255	Schwarze Magie 319	Wassermelone & Himbeeren 390
Pollen-Smoothie 256	Totale Detoxifikation..........................320	Mango, Himbeeren & Passionsfrucht ...393
Strawberrita...................................... 259	*Smoothie Bowls*	Erdbeeren & Ananas...........................394
Ingwer-Birnen-Bucha 260	Nüsse-Bowl..325	Spinat & Ananas 397
	Haselnussschokolade & Hanfsamen 326	

Impressum

© Eliq Maranik and Stevali Production
Originaltitel: *Smoothie Bible*

Text und Fotos: Eliq Maranik
Fotos von Eliq Maranik: Anna Enström Shine Photography
Istock.com: S. 8, 12–15, 25, 34, 40–41, 44–51, 54–55, 86–87
Art Director: Eliq Maranik
Layout und Design: Alan Maranik
Redaktion: Eva Stjerne, Ord & Form

© für diese deutsche Ausgabe: h.f.ullmann publishing GmbH
Übersetzung aus dem Schwedischen: Frauke Watson, Elke Adams, Marta Wajer
Satz: ce redaktionsbüro für digitales publizieren, Heinsberg

Gesamtherstellung: h.f.ullmann publishing GmbH, Potsdam

Printed in Hungary, 2018

ISBN 978-3-8480-1169-8
10 9 8 7 6 5 4 3 2 1
X IX VIII VII VI V IV III II I

www.ullmannmedien.com
info@ullmannmedien.com
facebook.com/ullmannmedien
twitter.com/ullmannmedien